あなたは加害者？ それとも被害者

尾島 史賢 編著

関西大学出版部

目　次

大学生になったあなたへ ………………………………………… 1

1 「アルバイト・就職活動」をめぐる法律問題 …………………… 3

2 「近隣関係」をめぐる法律問題 ………………………………… 10

3 「インターネット」をめぐる法律問題 ………………………… 17

4 「薬物」をめぐる法律問題 ……………………………………… 21

5 「恋愛」をめぐる法律問題 ……………………………………… 32

6 「お酒」をめぐる法律問題 ……………………………………… 41

7 「日常生活」をめぐる法律問題 ………………………………… 49

8 「消費者」をめぐる法律問題 …………………………………… 63

9 「倒産」をめぐる法律問題 ……………………………………… 70

10 「交通事故」をめぐる法律問題 ………………………………… 76

11 「刑事裁判」の仕組み …………………………………………… 87

12 「政治活動」をめぐる法律問題 ………………………………… 99

あとがきにかえて ………………………………………………… 111

大学生になったあなたへ

　大学生になると社会との関わりが増え、大人としての自覚を持たなければならない場面もたくさん出てきます。また、多くの大学生は、在学中に成人を迎えることになりますので、高校生気分で遊んでいると、事件や事故に巻き込まれてしまい、人生を棒に振ってしまうなど、取り返しのつかないことになってしまうかもしれません。

　本書では、大学生が巻き込まれてしまうおそれのある出来事について、いろいろな角度から記載しています。本書を読めば、日常生活がいかに法律と密接に関係しているかということを理解してもらえると思います。

　とはいえ、法律は難しいです。本書を読めば法律のことがすべて理解できる、とは思わないでください。本書は、あくまで、大学生になったあなたが遭遇する出来事について、ごく簡単に紹介するものにすぎません。

　大学生活を通じて、交友関係が広がり、あなたが誤って「加害者」となってしまったり、場合によっては事件に巻き込まれ、「被害者」となってしまったりするかもしれません。

　我々は、職業柄、想定できない不測の事態に陥った方々に間近で接することが多くあります。皆さん、一様に、「まさか自分がこんなことに巻き込まれるなんて信じられない」とおっしゃられます。

　身近に起こり得るトラブルや犯罪などから自分自身を守り（これはあなた自身が加害者となったり、被害者となったりしないという両方の意味です）、大切な家族や友人を守るためには、あなた自身がしっかりとした法律知識を身に付けなければならないのです。

　本書では、あなたが経験する可能性のある「事例」について簡潔な「結論」を記載しつつ、わかりやすく「解説」することを心がけています。

また、知っていると社会に出ても損をしない用語などを「豆知識」において解説し、それ以外の有用な情報を「COLUMN」において記載しています。

　なお、本書では、できる限り理解しやすく記載しているため、詳細な説明を省いた部分があります。

　ぜひ、本書を読んで興味が出てきたときは、他の法律の書籍を読んだり、インターネットなどで詳しく検索してみたりすることをお勧めします。法律を勉強すれば、あなたの世界が広がり、大学生活や社会生活をより充実したものにすることができるはずです。

　あなたの大学生活において、本書が少しでもお役に立てば幸いです。

編著者を代表して
弁護士　尾島史賢

「アルバイト・就職活動」をめぐる法律問題

アルバイトのすすめ

　学生時代にはアルバイトとしていろいろな職場で働くことになると思います。

　学生時代のアルバイト先でかけがえのない友人関係を築けたり、アルバイト先と社会人になっても仕事などでお付き合いができたりする場合もたくさんあります。このようなことからもアルバイトはお勧めです。また、お金を稼ぐことの大変さがわかるというのもアルバイトの大きな意味だと思います。お金の大切さがわかれば無駄遣いもしませんしね。

　とはいえ、アルバイトは、まだまだ未熟な学生が社会と関わる第一歩だと思います。その未熟さゆえ、知らず知らずのうちに違法なアルバイトをさせられていたり、アルバイト先から違法な対応をされていたりするかもしれません。もし、あなたが法律知識を身に付けていたならば、アルバイト先からの違法な対応にもきちんと対処することができ、自分やアルバイト仲間の権利を守ることができるかもしれません。法律知識という武器を手に入れれば、あとは少しの勇気を持つだけでよいのです。

　ここで紹介する事例を参考に、大学の勉強だけでなく、アルバイトにも勤しんでください。

これって違法なの？

　違法なアルバイトといっても、ひとくくりにまとめることはできませんが、まずは雇い主（必ずしも株式会社などの法人形態ではなく、個人事業主という形態もあります）が誰なのかをきちんと確認しましょう。

　アルバイト料を誰からもらっているのかわからないという状態は、通常ではあり得ません。例えば、居酒屋でホール（接客）のアルバイトをする場合には、個人経営の居酒屋であれば雇い主は「個人事業主」ということになりますし、大手チェーンの居酒屋であれば雇い主はたいてい「株式会社」ということになります。

　次に、仕事内容が特殊な場合には必ずその内容を理解し、納得したうえで働くことが大切です。例えば、中身が何かわからない物をバイクで配達しており、しかも、配達先は怪しい人のところばかりなどといった場合には、配達している物が違法な物ではないかどうか確認する必要がありますね。こういうケースの多くは、仕事内容に比べて高額なアルバイト料が支払われることが多いと思われますので、単純な仕事内容なのにアルバイト料が異常に高額であるといった場合には注意が必要です。雇い主が大手企業であっても、アルバイトへの対応には厳しい、ややもすれば違法な場合がありますので安心してはいけません。

　毎月の給料の支給明細書など、支給内容のわかる書類を必ずもらいましょう。アルバイト料は銀行振込みのケースが多くなっていますが、給料から控除されている項目やその金額を確認するためにも、支給明細書など、支給内容のわかる書類を確認する必要があります。

　控除される項目としては、源泉所得税や労働保険料などがあげられますが、これら以外に、遅刻や仕事上のミスのペナルティ（罰金）

として一定額が差し引かれていたりする場合には、その理由をきちんと確認するようにしましょう。

　アルバイトは時間給がほとんどだと思いますので、遅刻の場合には時間給で考慮されているはずです。ですから、改めてペナルティ（罰金）として給料から差し引く理由はありません（もちろん、遅刻をしてはいけないことは当然ですが）。また、仕事上のミス（例えば、居酒屋でアルバイト中にお酒のグラスを割ってしまうことなど）があったとしても、それはアルバイトの過程でのやむを得ないものであったことがほとんどだと思いますので、これもペナルティ（罰金）として給料から差し引くことはできません。

　このほかにも、あなたがアルバイト先で6時間以上働いているのに休憩を与えない場合には労働基準法に違反していますし、アルバイト先の店長の指導が行き過ぎている場合（例えば、あなたの人格を否定するかのような言動の場合にはパワーハラスメント、いわゆる「パワハラ」となります）には不法行為（民法709条）を構成することとなり、損害賠償請求の対象ともなり得ます。

　こうなると、アルバイトなんてしたくない！　と思ってしまうかもしれませんが、最初に指摘したように、アルバイトによって人生を豊かにすることもできますので、以上のことに注意しながら、友人などにも相談しつつ、アルバイト先を決めていけばたいてい大丈夫だと思います。アルバイトを通じて有意義な学生生活を送ってください。

事例　ブラックバイト！？

　Aくん（大学3年次生）は、大手チェーンの居酒屋でアルバイトをしています。当初は、時給1000円、1週間に3日程度、午後6時から午前2時までという条件でアルバイトを始めたのですが、最近、売上げが芳しくないのかアルバイトの人数が徐々に減ってきていて、店長からは毎日勤務して欲しいといわれ、やむなく勤務しています。
　勤務時間中は休憩もなくずっと立ちっぱなしで、さすがにしんどいです。
　Aくんは就職活動もしなければならないため、アルバイトを辞めたいと思っていますが、店長からは辞めるなら今月分の給料は支払わないと言われ、辞めるに辞められないでいます。
　挙句の果てに、売上げが悪いので、来月から時給を800円にして欲しいと頼まれていますが、Aくんは時給の減額に応じなければならないのでしょうか？

結論

Aくんは時給の減額に応じる必要はありません。

解説

　当初、「週3」だったシフトが「週7」となった点については、「使用者は、労働者に対して、毎週少なくとも1回の休日を与えなければならない」とされているため、Aくんの勤務先である居酒屋は労働基準法35条1項に違反しています。このため、居酒屋の経営者には、6か月以下の懲役または30万円以下の罰金に処せられる可能性があります（労働基準法119条1号）。
　また、Aくんは休日労働や深夜（原則として午後10時以降午前5時）労働をしていますので、割増賃金（休日労働の場合は35％の割増賃金、深夜労

働の場合は25％の割増賃金、休日労働で深夜労働の場合には60％の割増賃金）を請求することができます。

　労働時間が6時間超〜8時間以内の場合には休憩時間を少なくとも45分、労働時間が8時間超の場合には休憩時間を少なくとも1時間与えなければならないため、Ａくんの勤務先である居酒屋は労働基準法34条1項に違反しています。このため、居酒屋の経営者には、6か月以下の懲役または30万円以下の罰金に処せられる可能性があります（同法119条1号）。

　時給の減額については、Ａくんの同意なく勝手に引き下げることはできませんので、時給の引下げには応じられないとはっきり店長に伝えることが大切です。

　それでも店長が時給の引下げを強行する場合には、労務の提供を拒否しても、つまり出勤しなくても許されると考えられます。

契約社員、派遣社員って？

　アルバイトなどの求人雑誌を見ていると、最近は、アルバイトやパート、契約社員、派遣社員などさまざまな雇用形態があります。

　アルバイトはドイツ語の「albeit」からきているといわれ、パートはフルタイムの対義語「パートタイム」からきているといわれています。

　パートは、「短時間労働者」という意味で使われることが多く、アルバイトは、学生など本業が別にある人の副業という意味が強いようですが、厳密に使い分けられているものではないようです。

　契約社員は契約によって期間が定められている常勤労働者のことをいい、給料も時給制や月給制、年俸制などさまざまです。派遣社員は派遣会社に登録することにより派遣先において就労する雇用形態のことをいい、給料は派遣会社からもらうことになります（時給制が多いようです）。契約社員も派遣社員も、契約期間や派遣期間は法律で上限が定められていることがありますので注意が必要です。

| 事例 | **まさかの内定取消し!?** |

　Bさんは就職活動の末、ようやく大手企業から内定をもらうことができました。社会に羽ばたくことの大きな夢と少しばかりの不安を抱えながら、残りの学生生活を充実させるべく、卒業論文にも取り組む一方、卒業前の記念旅行の資金を貯めるためにアルバイトにも勤しんでいました。

　ところが、10月の内定式を控えた9月になって、突然、Bさんのもとに「内定取消通知書」が届きました。

　驚いたBさんは、会社の担当者に電話をして理由を聞いたところ、次のような回答がありました。

　「業績が悪化したので今期の採用を取り止めることといたしました」

　「また、あなたがかつて北新地のキャバクラでアルバイトをしていたとの確かな情報があり、履歴書にはそのことについて書かれていませんでした。経歴詐称に該当するとともに、アルバイトの内容から当社が求める人材として適切ではないとの判断にいたりました」

　Bさんは、この会社で働くことに強い意欲をもっていること、複数のアルバイトを経験しており、その中の一部を履歴書に記載しただけで、決して経歴を詐称する意図はなかったこと、内定取消しには到底納得できないと訴えましたが、担当者は同じ説明を繰り返すばかりでした。

　果たしてこのような場合、Bさんはこの会社で働く夢を諦めて内定取消しを受け入れざるを得ないのでしょうか?

結論

　いずれの回答理由に対しても、内定取消しは無効となる可能性があります。

解説

ここでは、「内定」が、労働契約上、どのような意味を持つか、ということが重要なポイントになります。

内定とは、「始期付解約権留保付労働契約」といわれています。つまり、始期が到来すると（通常は4月の企業が多いでしょう）重大な解約事由のない限り効力が生じる労働契約といわれています。

では、内定取消しは許されるでしょうか？

内定は、上記のとおり、始期が付されていたり、企業に解約権が留保されていたりしますが、あくまで「労働契約」と評価されますので、客観的に合理的と認められ、社会通念上相当な場合でなければ（一般的には解雇に匹敵するような事由がなければ）取り消すことはできない、といわれています。

つまり、企業が内定を取り消すということは、一方的な契約の破棄、と評価されますので、それなりの理由が必要になる、ということです。

事例のように、「業績が悪化したから今期の採用を取り止めた」というだけでは内定取消しの理由としては不十分であると考えられます（ただし、予測不可能な急激な業績の悪化で、倒産の危機に瀕しているような場合には、内定取消しも認められる余地はあります）。

したがって、Bさんは会社に対して、労働者としての地位を有することの確認（内定取消しが無効であることの確認）や損害賠償（得られるべきであった給料相当額や慰謝料）を請求することができるでしょう。

一方で、内定取消しの理由が、Bさんの過去のアルバイト歴であった場合にはどうでしょうか？

この点については、重大な経歴の詐称にあたらない限り、内定の取消しは許されないと思われます。つまり、過去にどのようなアルバイト歴があろうと、犯罪行為に加担したなどの事情がなければ重大な経歴の詐称にはあたらないと考えられますので、内定の取消しは許されないでしょう。

もし、あなた、もしくは友人がこのような状況に直面した場合は、以上を踏まえて、大学の就職相談窓口や弁護士などの法律の専門家に相談しましょう。

2 「近隣関係」をめぐる法律問題

事例　うるさくて勉強できない！

　Ａくんは、大学前で一人暮らしをしていますが、マンションの隣の部屋の住人が大音量で音楽をかけたり、友人を呼んで飲み会を開催したりしてうるさいので、勉強が手に付きません。
　何とかならないでしょうか？

結論

　受任限度（一般人が我慢できる程度）を超えるような騒音の場合には、騒音を出さないよう求めることができます。

解説

　マンションなどの共同生活の場合には、お互いの部屋から発生する生活音については、ある程度までは我慢し合わなければならないと思います。
　もっとも、生活音の発生している時間帯やその程度によって、それが我慢できない（受任限度を超える）程度になれば、静かに生活する権利を保護するため、騒音を出している相手（事例では隣の部屋の住人）に対して騒音を出さないよう求めることができます。
　ただし、相手が受任限度を超えて騒音を出していることの立証責任は、騒音を出さないよう求める方（事例ではＡくん）が負わなければなりません。したがって、騒音の状況などをビデオ撮影したり、録音したりして証拠をきちんとそろえておく必要があるでしょう。隣の部屋の住人に直接苦情を言うとト

ラブルになることもありますので、まずは、賃貸人である家主や管理会社がある場合には管理会社の担当者に伝えるなどの方法を検討するとよいでしょう。

きちんとルールを守って！

　実家から通学している人の中にはマンションに住んでいるという人も多いと思います。マンションは共同生活の場ですから、きちんとルールを守って生活をしないといけません。マンションには、「共用部分」と呼ばれる、住人が共用する場所（エントランス、エレベーターなど）があります。当然のことながら、この共用部分に私物を置いてはいけません。居室部分は「専有部分」と呼ばれ、自由に使用することができます。もっとも、節度を守って生活をすることは常に心がけておかなければなりません。バルコニー（ベランダ）や専用庭などは「専用使用部分」と呼ばれ、共用部分ではあるものの、構造上、専有部分の使用者（区分所有者）が専ら使用することのできる場所のことをいいます。専用使用部分については、専用使用料を管理組合に支払っていることが通常です。また、この専用使用部分は、あくまで共用部分を使用させてもらっていることになりますので、火事などの緊急時には他の住人の避難のために使用させたりしないといけません。ですから、動かすことのできない物を専用使用部分に置くなどの行為は慎まなければなりません。

　次に、マンションで共同生活をする場合によく問題となるのが、「ゴミ出し」の問題です。マンションの多くには「ゴミステーション」があり、いつでもゴミを出すことができるようになっていますが、管理組合ごとにそれぞれルールが定められていますから、きちんとルールを守って生活しましょう。

| 事例 | 更新料って何！？ |

　Bさんは、大学の最寄駅近くで一人暮らしをしてもうすぐ2年が経とうとしています。ところが、今日、家主から賃貸借契約を更新するならば更新料を支払うよう求める内容の書面が届きました。
　Bさんとしてはこのまま継続して住み続けたいと思っているのですが、更新料を支払わないといけないのでしょうか。

結論

　更新料の額が高額に過ぎるなどの事情がない限り、更新料は支払わないといけません。

解説

　賃貸借契約のうち、更新料を支払うことが定められている部分が有効か無効かが争われた裁判で、最高裁判所は、「更新料は、賃料と共に賃貸人の事業の収益の一部を構成するのが通常であり、その支払により賃借人は円満に物件の使用を継続することができることからすると、更新料は、一般に、賃料の補充ないし前払、賃貸借契約を継続するための対価等の趣旨を含む複合的な性質を有するものと解するのが相当である」と判断し、そして、「更新料条項が賃貸借契約書に一義的かつ具体的に記載され、賃借人と賃貸人との間に更新料の支払に関する明確な合意が成立している場合に、賃借人と賃貸人との間に、更新料条項に関する情報の質及び量並びに交渉力について、看過し得ないほどの格差が存するとみることもできない。そうすると、賃貸借契約書に一義的かつ具体的に記載された更新料条項は、更新料の額が賃料の額、賃貸借契約が更新される期間等に照らし高額に過ぎるなどの特段の事情がない限り、消費者契約法第10条にいう『民法第1条第2項に規定する基本原則に反して消費者の利益を一方的に害するもの』には当たらないと解する

のが相当である」、つまり「有効」と判断しました。

　もっとも、最近は、更新料条項のある賃貸借契約は少なくなっているといわれています。賃貸借契約を締結する際には、契約更新の際の更新料の有無についてきちんと確認しておくべきでしょう。

　Bさんは、まずは、賃貸借契約書に更新料条項が明確に記載されているかどうかを確認するべきでしょう。そして、賃貸借契約書に明確に更新料条項が記載されており、更新料の額が賃料の2か月分程度であれば支払う必要があると思われますが、それを超えるような場合には更新料条項は無効となる可能性がありますので、更新料を支払う前に一度弁護士などの法律の専門家に相談してみるとよいでしょう。

賃貸借契約ってどんな契約なの？

　「賃貸借は、当事者の一方がある物の使用及び収益を相手方にさせることを約し、相手方がこれに対してその賃料を支払うことを約することによって、その効力を生ずる」（民法601条）と規定されています。

　つまり、貸主が借主に対して物（マンションの一室など）を貸し、借主が貸主に対して賃料を支払うことが賃貸借契約の要素となります。

　そして、借主は、賃貸借契約の継続中は、賃貸物を善良な管理者の注意をもって管理しなければならず、これを「善管注意義務」といいます。また、賃貸借契約終了時には、借りていた物を原状に復して返還しなければならず、これを借主の「原状回復義務」といいます。

　一方で、貸主も、借主に賃貸物を使用・収益させるのに必要な修繕をする義務を負うと定められていますので、借主は、借りているマンションの一室が雨漏りするなどの場合には、貸主に対してその修繕を求めることができます。

事例　保証金は返ってこないの！？

　Ａくんは、大学入学時からずっと一人暮らしをしてきましたが、地元での就職も決まり、卒業も間近となったので、借りていた一人暮らしの部屋を引き払い、実家に帰ることにしました。
　鍵を返しに家主を訪ねると、家主から「保証金は原状回復費用に充当したので返金はありません」と言われました。賃貸借契約書には、保証金60万円から退去時に30万円を差し引いて返還すると記載されているので、30万円は返ってくると思っていたのですが、保証金は返ってこないのでしょうか。賃料は1か月10万円でした。

結論
場合によっては保証金が返ってくる可能性があります。

解説
　賃貸借契約締結時に、賃借人が賃貸人に対して一定額を保証金や敷金という名目で預けることがありますが、これには退去時に一定額（保証金や敷金の何割か）を差し引いて返還する旨の条項（これを「敷引特約」といいます）が定められていることが多いと思われます。まず、この敷引特約が有効かどうかがポイントとなります。
　この点について、最高裁判所は、「賃貸人が契約条件の一つとしていわゆる敷引特約を定め、賃借人がこれを明確に認識した上で賃貸借契約の締結に至ったのであれば、それは賃貸人、賃借人双方の経済的合理性を有する行為と評価すべきものであるから、消費者契約である居住用建物の賃貸借契約に付された敷引特約は、敷引金の額が賃料の額等に照らし高額に過ぎるなどの事情があれば格別、そうでない限り、これが信義則に反して消費者である賃借人の利益を一方的に害するものということはできない」として、いわゆる

敷引特約を「有効」であるとしています。

したがって、事例でも保証金60万円から退去時に30万円を差し引いて返還するという合意自体は有効であるといえます。

では、残りの30万円は返ってこないのでしょうか。家主が原状回復費用に充当したというのは認められるのでしょうか。

この点については、賃貸借契約締結時になぜ保証金や敷金として一定額を預けるのか、ということに関係します。

賃貸借契約は賃貸人と賃借人との信頼関係の上で成り立つ契約ですが、万が一賃料が支払われなかったり、借りている部屋（賃借物件）を不注意で傷つけてしまったりした場合などに、保証金や敷金として一定額が預けられていれば、保証金や敷金を未払賃料や修復費用に充当することができます。このように、賃借人の賃貸人に対する未払賃料や修復費用の支払を担保するために保証金や敷金を預けていることになるのです。

そうすると、未払賃料や不注意で賃借物件を傷つけてしまった場合の修復費用などが保証金や敷金から差し引かれることはやむを得ないでしょう。

もっとも、家具を設置していた部分の床のへこみや、壁・床の日焼けなど通常の使用によってどうしても生じてしまうようなもの（「通常損耗（つうじょうそんもう）」といいます）については、賃貸借契約では当然に想定されているはずですので、通常損耗部分の修復費用を保証金や敷金から差し引くことは認められていません。

Ａくんとしては、まず、家主に「原状回復費用」としてどのような費用がかかっているのかを確認するべきでしょう。そして、その費用が通常損耗部分についての修復費用であれば、それを差し引くことは認められないと主張して、30万円の返還を求めることになると思われます。

 ## 原状回復費用って何?

　アパートなどを借りていて引越しなどを理由に明渡しをすることがあると思いますが、その際、家主に敷金から原状回復費用を差し引くと言われ、敷金から一定額が控除されて返還されたというような経験はないでしょうか?
　ここでいう原状回復費用って何なのでしょうか?
　借主に「原状回復義務」があることは既に述べましたが、どこまですればよいのでしょうか?
　この点については、裁判でも争われてきたのですが、通常損耗については原状回復する必要はないといわれています。
　では、通常損耗とはどういうことを指すのでしょうか。
　例えば、家具を設置していた部分の跡やへこみ、日焼けによる床や畳の変色などは通常損耗といえるでしょう。要するに、通常の使い方をしていても避けることのできなかったキズなどについては通常損耗に該当すると思われますので、家主と交渉してみてください。

保証金・敷金と礼金の違いって!?

　賃貸借契約を締結する際に、借主から貸主に交付する金銭として、保証金や敷金、礼金があります。
　保証金と敷金はほぼ同じ意味だと思いますが、関西地方では保証金という呼び名が多い印象です。保証金も敷金も、借主が賃料を滞納したり、賃貸物を毀損(傷つけること)したりした場合の損害賠償の担保として差し入れる金銭です。通常は全額返還されるはずですが、一定額を控除する契約(敷引特約)が締結されることもありますので、契約締結時にきちんと確認するようにしてください。
　礼金は、賃貸借契約締結時に、借主から貸主に対して支払う金銭で、文字通りお礼と考えられていますので、賃貸借契約終了時にも返還されません。賃貸借契約書に礼金と記載されている場合には注意が必要です。

3 「インターネット」をめぐる法律問題

事例　これって著作権侵害なの!?

　Aくんは、ニュースを見る機会を増やすために、気になったニュースなどがあれば、その記事を自身のブログにコピペ（コピー＆ペースト）していますが、ブログ運営会社からAくんのブログ記事が著作権の侵害にあたり、ブログ運営規約に反するとして削除されました。
　ニュース記事のコピペは著作権侵害になりますか？

結論

著作権侵害になる可能性があります。

解説

　ニュース記事は、通常、事実の記載のみならず、記事を書く記者の意見や評価を伴いますので、記者の個性を反映した表現物として著作物（豆知識参照）にあたります。
　著作物であれば、法律上許された場合（豆知識参照）以外は、著作権者に許諾なく無断で著作物を使用すると、著作権侵害となります。
　著作権侵害にあたれば、民事上、損害賠償請求の対象となり、著作権者の告訴があれば、10年以下の懲役または1000万円以下の罰金に処せられる可能性もあります（著作権法119条1項）。

「著作物」とは？

　著作物とは、思想または感情を創作的に表現したものであつて、文芸、学術、美術または音楽の範囲に属するものをいいます（著作権法2条1項1号）。

　具体的には、言語の著作物として、講演・論文・レポート・作文・小説・脚本・詩歌・俳句などがあり、音楽の著作物として、楽曲・楽曲を伴う歌詞などがあります。その他にも、舞踊、無言劇、美術、建築、図形、映画、写真、プログラムの著作物などがあります（同法10条1項）。

「法律上許された場合」とは？

　例えば、購入したCDのデータを自分が使用するパソコンのハードディスクに取り込むことや、テレビ番組を録画して後日見る場合などのように、個人的または家庭内など限られた範囲内で利用する場合は、著作権侵害にあたりません（著作権法30条）。

　また、学校および営利を目的としない教育機関において、教員や学生が教材作成などを行うためにコピーする場合も著作権侵害にあたりません（同法35条1項）。

　その他にも、「福祉」（同法37条、37条の2）、「報道」（同法41条）、「非営利・無料」（同法38条）の場合など、一定の要件に該当すれば、著作権侵害にあたらない場合があります。

| 事例 | 名誉の侵害に気をつけて！ |

　Aくんはストレスがたまるとインターネットの匿名掲示板において、タレントの悪口などを書き込むことが多くあります。
　また、SNS（ソーシャル・ネットワーキング・サービス）をしていて相手の意見が気に食わないときに、相手の悪口を書くことがあります。
　ある日、タレントを名指しして「愛人が3人いる」、「嫁をDVしている」と書き込んだ後、相手から「名誉棄損罪が成立するから謝罪しろ」、「謝罪しない場合は法的措置を検討する」と言われたのですが、謝罪するのは恥ずかしかったので、「訴えることができるなら訴えてみろ」と書き込んでしまいました。
　匿名なので、訴えられることはないと思うのですが、相手がAくんを訴えることはできるのでしょうか？

結論

Aくんを特定し、相手がAくんを訴えることができる場合があります。

解説

　Aくんの行為は、相手の名誉を侵害しているため、相手がサイト管理者に対する発信者情報開示手続およびプロバイダに対する個人情報開示手続などを経て、Aくんを特定することができる場合があります。
　また、Aくんの行為は、名誉棄損罪（刑法230条1項）が成立しますので、相手が刑事告訴した場合、捜査機関がサイト管理者およびプロバイダに照会をかけて、Aくんを特定する可能性もあります。

真実でも名誉棄損罪になるの！？

　名誉毀損罪は、摘示した事実がたとえ真実であっても、公然と事実を摘示し、人の名誉を毀損した場合には成立します（刑法230条1項（3年以下の懲役もしくは禁錮または50万円以下の罰金））。

　しかしながら、摘示した事実が公共の利害に関する事実に関し、かつ、その摘示した目的が専ら公益を図ることにあったと認められる場合には、真実であることの証明があったときは罰せられません（同法230条の2第1項）。

　また、摘示された事実について真実であることの証明ができなかったときであっても、行為者がその事実を真実であると誤信し、誤信したことについて、確実な資料、根拠に照らし相当の理由があるときは、犯罪の故意がなく、名誉毀損罪は成立しないと解されています。

4 「薬物」をめぐる法律問題

忍び寄る薬物汚染！

　違法薬物・危険ドラッグと聞いて、皆さんはどのようなイメージをもっているでしょうか。
　違法薬物・危険ドラッグなんて私たちとは遠い世界の問題だ。私たち大学生には関係ない。私たちから近づかなければ大丈夫だ。
　おそらく、多くの方がそのようなイメージを持たれているかと思います。
　しかし、そのようなイメージは捨ててください。
　意外と思うかもしれませんが、大学生が違法薬物や危険ドラッグに手を染めてしまう事例は多くあるのです。
　しかも、違法薬物や危険ドラッグの怖いところは、その薬理作用によって一生を棒に振ってしまうことがあるというところです。
　それだけではなく、周りの人に危害を加えることもあるし、暴力団の資金源となっている（そのような団体とつながりができてしまう）ことも怖いところです。
　大学生になると、行動範囲が広がり、人間関係も多様になってきます。そのこと自体は喜ばしいことであるのですが、知らないうちに違法な道に誘惑され、落とし穴にはまっていることも多いのです。
　そのような意味で、違法薬物・危険ドラッグの問題は、大学生にとっても決して遠い世界のことではなく、身近にある問題です。違法薬物や危険ドラッグが決して手を出してはいけない危険なものであることを、ここで学んでいただければと思います。

| 事例 | 身近に潜む危険な罠！？ |

　Ｂさん（大学2年次生）は、ある日、同級生と一緒に、若者が多く集まる楽しいところだとサークルの先輩から教えてもらったお店に行きました。
　そのお店で、Ｂさんがお酒を飲み、音楽にのってリズムを刻んでいると、一人の男が近づいてきました。その男は、Ｂさんに、「ねえ、シャブやったことある？　ないなら、やってみなよ。テンションが上がるし、爽快感も味わえるし、ダイエット効果もあって最高だよ。今なら格安で販売するけど、どうする？」と言って、「シャブ」という名称の物を売りつけようとしました。
　Ｂさんは、ダイエット効果には興味があったものの、近づいてきた男がいかにも怪しげな恰好をしていたため、誘いを断りました。
　Ｂさんがあとでサークルの先輩に聞いてみたところ、そのお店には覚せい剤の売人がいるという噂があるとのことで、そのような類の人物ではないかとのことでした。もし、Ｂさんが、この「シャブ」という物を購入して所持し、使用していたらどうなっていたでしょうか。

結論

　「シャブ」とは、いわゆる覚せい剤の隠語です。
　もし、Ｂさんがこれらの物を購入して所持し、使用していたら、覚せい剤取締法に違反することになります。その結果、Ｂさんは、刑事裁判にかけられ、10年以下の懲役（「懲役」の意味については、後述の「刑事裁判」の項目で詳細を説明します）に処せられる可能性がありました。

> 解説

　Bさんは危ないところで難を逃れましたね。結論にあるように、「シャブ」というのは、いわゆる覚せい剤の隠語です。ほかにも、覚せい剤には、「クスリ」や「エス」、「スピード」といった隠語が利用されることがあります。

　覚せい剤には、一方で、眠気や疲労感がなくなり、頭が冴えた状態になるという作用がありますが、他方で、効用が切れたときには著しい疲労感や脱力感、倦怠感におそわれ、しかも依存性が強いため、一度使用してしまうとやめることが難しく、乱用者になると妄想や幻聴の症状が出ることがあり、人格が破壊されてしまうこともあります。

　このような危険な作用があることから、覚せい剤は法律によって厳しく規制されています。覚せい剤を所持し、もしくは使用した場合、その者は、10年以下の懲役に処せられることとなります。

違法薬物の種類と危険性

　覚せい剤のほかにも違法とされている薬物はたくさんあります。
　法律で規制されている典型的な違法薬物としては、大麻やコカイン、ヘロイン、あへん、MDMA、MDA、シンナーなどがあげられます。
　また、別のコラムでも紹介しますが、「危険ドラッグ」と呼ばれる薬物も存在します。
　それぞれの薬物で薬理作用は異なりますが、「依存性」があることは共通しています。依存性があることによって、薬物をやめようと思ってもやめられない状態になりますし、たとえやめることができたとしても、禁断症状が出たりすることもあります。

我々は、職業柄、違法薬物を使用した方に接する機会がありますが、やはり最初は好奇心から違法薬物に手を出してしまい、その後はなかなか違法薬物の使用をやめられず、苦しんでいる方を多く見てきました。

　また、薬物の使用により、身体的にも精神的にも悪影響を受けることとなって、まともな社会生活を送ることができなくなることもあるのです。

　このように違法薬物に手を出してしまったら、取り返しのつかないことになってしまうという恐怖を認識しておかなければなりません。

　覚せい剤をはじめとする違法薬物は、大学生にとっては身近な物ではないと思うかもしれませんが、それは大きな間違いです。

　違法薬物を売人から購入したり、インターネットや知人を介して購入したりするなど、大学生にとっても身近なところに違法薬物の誘惑があるのです。また、大学構内で違法薬物の売買が行われていたケースもありますので、注意が必要です。

　実際に、平成26年には、覚せい剤事犯では11人、大麻事犯では27人もの大学生が検挙されているのです（警察庁「平成26年の薬物・銃器情勢」参照）。

　このように、身近なところで違法薬物が売られているという現実や、安易に違法薬物に手を出してしまうと、本人だけでなく家族も不幸な事態に陥ることを認識し、このような違法薬物に手を出さないとの強い気持ちをもって生活することが必要となります。

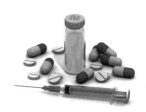

表1-3 覚醒剤事犯年齢別検挙人員

区分		年別	平9	平22	平23	平24	平25	平26
覚醒剤事犯	検挙人員		19,722	11,993	11,852	11,577	10,909	10,958
		50歳以上	1,593	1,776	1,893	2,079	2,206	2,486
		人口10万人当たりの検挙人員	4.1	3.7	4.0	4.4	4.6	5.2
		構成比率 (%)	8.1	14.8	16.0	18.0	20.2	22.7
		40～49歳	2,833	3,290	3,473	3,533	3,430	3,697
		人口10万人当たりの検挙人員	14.3	20.1	20.5	20.4	19.4	20.5
		構成比率 (%)	14.4	27.4	29.3	30.5	31.4	33.7
		30～39歳	5,362	4,324	4,115	3,884	3,619	3,301
		人口10万人当たりの検挙人員	34.0	23.6	22.5	21.8	21.0	19.8
		構成比率 (%)	27.2	36.1	34.7	33.5	33.2	30.1
		20～29歳	8,338	2,375	2,188	1,933	1,530	1,382
		人口10万人当たりの検挙人員	43.6	16.5	15.7	14.2	11.5	10.6
		構成比率 (%)	42.3	19.8	18.5	16.7	14.0	12.6
		20歳未満	1,596	228	183	148	124	92
		人口10万人当たりの検挙人員	16.4	3.1	2.5	2.0	1.7	1.3
		構成比率 (%)	8.1	1.9	1.5	1.3	1.1	0.8
		うち中学生	43	7	4	3	1	2
		うち高校生	219	30	25	22	15	11
		大学生	53	24	21	18	22	11

注1:算出に用いた人口は、各前年の総務省統計資料「10月1日現在人口推計」又は「国勢調査結果」による。
注2:20歳未満の人口10万人当たりの検挙人員は14歳から19歳までの人口を基に、50歳以上の人口10万人当たりの検挙人員は50歳から79歳までの人口を基にそれぞれ算出。

表1-5 大麻事犯年齢別検挙人員

区分		年別	平9	平22	平23	平24	平25	平26
大麻事犯	検挙人員		1,104	2,216	1,648	1,603	1,555	1,761
		50歳以上	38	87	67	71	67	88
		人口10万人当たりの検挙人員	0.1	0.2	0.1	0.1	0.1	0.2
		構成比率 (%)	3.4	3.9	4.1	4.4	4.3	5.0
		40～49歳	97	201	185	207	218	257
		人口10万人当たりの検挙人員	0.5	1.2	1.1	1.2	1.2	1.4
		構成比率 (%)	8.8	9.1	11.2	12.9	14.0	14.6
		30～39歳	281	578	510	544	574	678
		人口10万人当たりの検挙人員	1.8	3.2	2.8	3.1	3.3	4.1
		構成比率 (%)	25.5	26.1	30.9	33.9	36.9	38.5
		20～29歳	585	1,186	805	715	637	658
		人口10万人当たりの検挙人員	3.1	8.2	5.8	5.3	4.8	5.0
		構成比率 (%)	53.0	53.5	48.8	44.6	41.0	37.4
		20歳未満	103	164	81	66	59	80
		人口10万人当たりの検挙人員	1.1	2.3	1.1	0.9	0.8	1.1
		構成比率 (%)	9.3	7.4	4.9	4.1	3.8	4.5
		うち中学生	1	11	1	0	0	3
		うち高校生	27	18	14	10	10	18
		大学生	21	49	23	23	23	27

注1:算出に用いた人口は、各前年の総務省統計資料「10月1日現在人口推計」又は「国勢調査結果」による。
注2:20歳未満の人口10万人当たりの検挙人員は14歳から19歳までの人口を基に、50歳以上の人口10万人当たりの検挙人員は50歳から79歳までの人口を基にそれぞれ算出。

(出典:警察庁「平成26年の薬物・銃器情勢」)

事例　危険ドラッグを使用した状態での運転行為

　Ａくんは、友人が運転する自動車に乗せてもらって、正月休みに実家に帰省することにしました。
　その友人は、しばらくまともに運転をしていたのですが、次第に呂律が回らなくなり、意味のわからない奇声を上げるようになって、ふらふらとした蛇行運転をするようになりました。Ａくんは、身の危険を感じ、何度も運転をやめるように言いましたが、その友人は聞く耳を持たず、どんどんスピードを上げて行ったため、運転をとめることができませんでした。
　最終的に、その友人は、赤信号を無視して交差点に進入し、右方向から青信号で走行してきた自動車の側面に衝突してしまいました。衝突された自動車の運転手は命に別状がなく済みましたが、重傷を負い、重大な後遺障害が残ることになりました。後で聞いたところによると、Ａくんの友人は「危険ドラッグ」を使用してから運転をしていたようです。今回の事故について、Ａくんの友人はどのような責任を負わなければならないでしょうか。

結論

　Ａくんの友人は、危険運転致傷罪に問われ、15年以下の懲役に処せられる可能性があります。また、怪我の程度も重いことから、執行猶予の付かない判決になる可能性が高いと考えられます。

解説

　昨今、危険ドラッグを服用した状態での自動車の運転により多数の死傷者が出た事例をニュースなどで目にした方もいるのではないかと思います。
　危険ドラッグについての詳細は後述のコラムで紹介しますが、危険ドラッ

グは、使用することによって意識が混濁することもある非常に危険な薬物です。

このような危険ドラッグの影響により、正常な運転が困難な状態で自動車を運転して人を傷つけた場合には、危険運転致傷罪となる可能性があります。

事例のＡくんの友人は、まさにこれにあたる可能性がありますので、危険運転致傷罪に問われ、15年以下の懲役に処せられる可能性があります。

また、危険運転致傷罪については、仮に前科がなくても、執行猶予付き判決になりにくい類型の犯罪であり、特に事例のように被害者に重篤な後遺障害を負わせたケースでは、執行猶予付き判決はほぼ皆無と考えるべきです。それくらい重大な犯罪であるということを肝に銘じておかなければなりません。

では、友人の運転する自動車に同乗していたＡくんは、何か罪に問われることはないのでしょうか。

事例では、Ａくんは単に同乗していただけで、友人がもともと危険ドラッグを使用していたことや、正常な運転ができない状態にあることを知った上で友人に運転させていたというようなケースではないので、罪に問われることはないでしょう。

もっとも、友人が危険ドラッグを使用していることを知っていて、しかも正常な運転ができないことを知っていたようなケースであれば、そのような運転を指示した（教唆）あるいは助けた（幇助）として、罪に問われることもあり得ます。

危険ドラッグについて

　危険ドラッグとは、覚せい剤や麻薬などの違法薬物と同類の化学物質を混入させ、違法薬物と同じような作用をもった薬物をいいます。

　危険ドラッグは、さまざまな形式で販売されており、植物片や粉末、液体、錠剤といったものがあります。

　「合法ドラッグ」、「脱法ドラッグ」といった、いわば「合法」であるかのような呼称で販売されていた時期もありましたが、実際には違法とされる成分が含まれているケースも多くあり、危険性を喚起するために、最近では「危険ドラッグ」と呼ばれるようになりました。

　危険ドラッグは、人体に重大な悪影響を及ぼす可能性があり、急に奇声を発したり、意識が混濁したり、高いところから転落したりして、場合によっては死亡するという事例も発生しています。

　危険ドラッグは、薬事法により、通達で指定された物質を含む薬物に該当する場合には、輸入、製造、販売、授与、販売もしくは授与目的での貯蔵または陳列に加え、所持、使用、購入、譲り受けが規制されています。それでも、規制の網をかいくぐった危険ドラッグを販売しているケースは後を絶たず、イタチごっこのような状態となっています。

　また、危険ドラッグは薬物犯罪の初犯者や20歳代が手を出しやすい傾向にあります。危険ドラッグを手始めとして、覚せい剤や大麻など他の違法薬物につながっていきやすいものですので、安易な気持ちで手を出さないようにしてください。

図 1-5 薬物経験別の構成比率

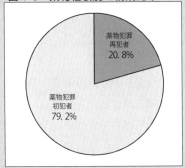

図表 1-5 乱用者に係る年齢構成等

	大麻乱用者		危険ドラッグ乱用者		覚醒剤乱用者	
	人員	構成率	人員	構成率	人員	構成率
50歳以上	68	4.6%	44	7.0%	2,294	22.5%
40〜49歳	208	14.0%	121	19.2%	3,471	34.1%
30〜39歳	569	38.2%	204	32.3%	3,063	30.1%
20〜29歳	573	38.4%	236	37.4%	1,262	12.4%
20歳未満	73	4.9%	26	4.1%	91	0.9%
合計	1,491		631		10,181	
平均年齢	31.9歳		33.4歳		41.7歳	

※1 大麻乱用者とは、大麻事犯検挙人員のうち、単純所持・譲渡・譲受の違反態様で検挙されたものをいう。
※2 危険ドラッグ乱用者とは、危険ドラッグ事犯検挙人員のうち、危険ドラッグを販売するなどにより検挙された供給者側の検挙を除いたものをいう。
※3 覚醒剤乱用者とは、覚醒剤事犯検挙人員のうち、単純所持・使用・譲渡・譲受の違反態様で検挙されたものをいう。

(出典：警察庁「平成26年の薬物・銃器情勢」)

| 事 例 | 海外旅行で運び屋に！？ |

　Ｂさん（大学2年次生）は、大学の夏休みを利用して、友人とともにリゾート地として有名な外国に行きました。
　Ｂさんは、外国の空港で怪しげな男性から、お土産のチョコレートを日本にいる知人に届けて欲しいと頼まれました。
　Ｂさんは、その男性が困っているのならば助けてあげようかと思いましたが、その男性から、「運んでくれるのなら、渡航費用と報酬として100万円を渡す」と言われたため、気味が悪くなって断りました。
　Ｂさんは、帰国後、チョコレートを持ち帰った日本人が覚せい剤5kgを輸入したということで逮捕されたとのニュースを見ました。
　Ｂさんが、もし、その男性に頼まれてチョコレートを持ち帰っていたらどうなっていたのでしょうか。
　また、Ｂさんがその男性から預かったチョコレートの中に覚せい剤が入っており、それが発覚して外国で捕まっていたらどうなっていたのでしょうか。

結論

　Ｂさんは、覚せい剤の輸入罪で刑事裁判にかけられ、有罪となった場合には、懲役に処せられる可能性がありました。
　Ｂさんは、各国の法律によって刑事裁判にかけられ、有罪となった場合、国によっては、死刑となる場合もあり得ました。

解説

　大学生は長期の休みも多く、その間に海外旅行に出かけたりすることもあると思います。海外旅行を楽しみ、見分を深めることは大いに結構ですが、

海外旅行で思わぬトラブルに巻き込まれる例が後を絶ちません。

　Bさんは、覚せい剤入りのチョコレートを運ばなかったため事なきを得ましたが、もし怪しげな男性の依頼を受けて、チョコレートを運んでいたらどうなっていたのでしょうか。

　まず、覚せい剤を外国から日本に輸入することは、法律によって禁止されています。これに違反した場合には、1年以上20年以下の懲役に処せられます。

　しかも、覚せい剤の輸入が営利目的であれば、さらに罪が重くなり、無期懲役または3年以上の懲役となり、1000万円以下の罰金もあわせて科されることがあります。

　また、もし外国で捕まってしまったら、原則として、逮捕された外国の法律に基づいて、処分が決まります。

　しかも、恐ろしいことに、覚せい剤の密輸入の場合には、国によっては、一番重い刑で死刑が定められている国があります。実際に、日本人が外国から覚せい剤を密輸入しようとして、死刑に処せられたケースもあります。

　場合によっては、Bさんは、日本から遠く離れた海外の地で、死刑となっていた可能性があるのです。

　もちろん、これらの罪に問われるためには、覚せい剤を輸入していることを知っていることが必要となるため、覚せい剤と知らずに輸入したのであれば、罪に問われません。

　しかし、そもそも、そのような言い分を裁判所に理解してもらうこと自体が大変であり、そのような裁判に巻き込まれることが大きな負担となります。しかも、もし有罪になれば、先ほど述べたような刑を科せられる可能性があるのです。

　楽しいはずの旅行が、一生を棒に振りかねない旅行となることもあります。覚せい剤に近づかないのはもちろんのことですが、怪しげな取引には決して手を出さないということが、自分の身を守るために必要となります。

5 「恋愛」をめぐる法律問題

事例　妊娠したかも！？

　Bさん（大学3年次生）は、同級生のAくんと大学入学直後から交際中で、付き合ってもうすぐ3年になります。

　交際直後から「大学を卒業したら結婚しようね」と二人で話をしていましたが、最近、Aくんが冷たくなってきて、しかも、Aくんが他の女の子と仲良くしているという噂も…。

　さらに、Bさんは、最近、生理が遅れていて「もしかしてAくんの子どもを妊娠！？」と一人で悩んでいるのです。

　Bさんにはいろいろ悩みはつきませんが、Aくんと話し合わないといけないことも多そうです。さて、Bさんは、Aくんとどのようなことを話し合っていかなければならないでしょうか。

結論

　BさんがAくんの子どもを妊娠していた場合には、
　・子どもを産むかどうか
　・Aくんと結婚するかどうか
　・Aくんと結婚しない場合には、Aくんに子どもを認知してもらうかどうか、Aくんに養育費を支払ってもらうかどうか
　といったことを話し合う必要があるでしょう。

　Bさんが、妊娠していなかった場合でも、Aくんとは、今後、望まない妊娠や性感染症を防止するために、避妊について、きちんと話し合っ

ておくべきでしょう。

解説

【結婚について】

　男は18歳以上、女は16歳以上であれば、未成年者であっても結婚することはできますが、未成年者が結婚する場合、父母の同意が必要です（民法737条1項）。父母の一方が死亡している場合や結婚に反対している場合には、他の一方の同意が必要になります（同条2項）。

　AくんもBさんも大学3年次生で、すでに成人していると思われますので、法律上は父母の同意は必要なく、二人に結婚の意思があれば、法律的には結婚することは可能です。ただ、二人とも大学生ですし、二人に結婚する気持ちがあっても、親をはじめ、周りの人々の協力を得なければ生活できないでしょうから、二人だけではなく、二人の親も含めてきちんと話し合いをして結婚するかどうかを決めていくことになるでしょう。

【子どもができたときの法律関係（認知・養育費など）について】

　BさんがAくんの子どもを妊娠し、Aくんと結婚しないまま出産した場合、その子どもとAくんとの法律関係はどうなるでしょうか。

　法律上の婚姻関係にない男女を父母として生まれた子どもを「嫡出でない子（非嫡出子）」といいます（民法779条）。BさんとAくんの子どももこの「嫡出でない子（非嫡出子）」にあたります。

　Aくんが、Bさんの子どもを自分の子として認めて、「認知」（同条）すれば、AくんとBさんの子どもとの間に法律上の親子関係が認められます。Aくんが、Bさんの子どもを認知すれば、子どもを育てるために必要な養育費を支払う必要がありますし、Aくんは子どもの父親として、一定の法律上の権利や義務を負います。

【人工妊娠中絶について】

　人工妊娠中絶は、母体保護法という法律で、身体的または経済的理由で母体の健康を著しく害するおそれがある場合や、レイプ被害によって妊娠した

場合に認められています。また、中絶手術を受けられるのは、妊娠22週未満（21週6日まで）となっています。さらに、中絶手術を受けるには、原則として本人と子どもの父親の同意書が必要ですし、各都道府県の医師会が指定する母体保護法指定医で手術を受ける必要があります。

　人工妊娠中絶は、妊娠した女性のからだのみならず、心にも大きな影響を与えます。

　望まない妊娠や性感染症を防ぐためにも、日ごろからパートナーとは避妊について話し合って、お互い協力しながら安全確実な避妊をしていくことが大切です。

事例	元彼につきまとわれて…（ストーカー被害）

　Bさん（大学2年次生）は、半年ほどAくんと付き合っていましたが、3か月前に別れを告げました。

　Aくんは、Bさんに未練があるようで、別れた後も、Bさんにたびたび復縁を迫るメールを送ってきます。

　さらに、Bさんは、最近、大学やアルバイト先からの帰り道、誰かに待ち伏せされたり、つけられたりしているのではないかと感じることがしばしばありました。そこで、友人に頼んでこっそり様子を見てもらったところ、AくんがBさんの大学やアルバイト先の近くで、毎日のように待ち伏せしていたというのです。

　Aくんからは「今日は○○さんと一緒だったね」、「今日は××で買い物していたよね」といったメールも送られてきて、Aくんに常に監視されているんじゃないかと思うと、Bさんは怖くて仕方ありません。

　Aくんの行為は、いわゆる「ストーカー行為」にあたりますか。Bさんは、Aくんのストーカー行為に対して、どのように対応したらよいでしょうか。

> 結論

　Aくんの行為は、ストーカー行為等の規制等に関する法律（いわゆる「ストーカー規制法」）で規制されている「つきまとい等」にあたる可能性があります。

　ストーカー行為にあった場合、「つきまとわないで欲しい」という意思を相手にはっきり伝えましょう（一人で対応することは難しいことも多いでしょうから、家族や友人など身近な人にも相談して対応しましょう）。

　ストーカー行為は犯罪ですから、速やかに最寄りの警察署に相談しましょう。

　また、法的なトラブルについては、弁護士などの法律の専門家に相談・支援を求めたりすることもできます。

　弁護士費用に不安がある場合には、弁護士費用を立て替えてくれる「法テラス」という組織もありますので、相談してみてください。

> 解説

【ストーカー規制法上の「つきまとい等」の行為類型について】

　ストーカー規制法では、特定の者に対する恋愛感情やそれが満たされなかったことに対する怨恨の感情を充たす目的で、次の①〜⑧の行為をすることを「つきまとい等」と規定し、こうした「つきまとい等」を繰り返すことによって、相手方に不安を覚えさせることを禁止しています。

　① つきまとい、待ち伏せ、押しかけ
　② 監視していると告げる行為
　③ 面会・交際の要求
　④ 乱暴な言動
　⑤ 無言電話、連続した電話、ファックス、電子メール
　⑥ 汚物などの送付
　⑦ 名誉を傷つける
　⑧ 性的羞恥心の侵害

　こうした「つきまとい等」の被害を受けた人は、警察に申し出て、警察か

ら警告を発してもらうことが可能となります。警告に従わない場合には、こうした「つきまとい等」の行為をしないよう禁止命令を発してもらうこともできます。

　さらに、被害者が告訴して処罰を求めた場合は6か月以下の懲役または50万円以下の罰金、禁止命令を無視してストーカー行為を続けた場合は1年以下の懲役または100万円以下の罰金に処せられる場合があります。

【ストーカー被害にあったときの対処方法について】
　ストーカー行為は犯罪です。ストーカー被害にあったときは、速やかに最寄りの警察署に相談しましょう。法的トラブルについては、弁護士などの法律の専門家に相談・支援を求めたりすることもできます。

　また、経済的に余裕がない人が法的トラブルにあったときには、無料法律相談や必要に応じて弁護士費用などの立替えを行ってくれる日本司法支援センター（通称「法テラス」）という組織があります。法テラスは国によって設立された法的トラブル解決のための組織で、全国に相談窓口がありますので、弁護士費用に不安がある場合には、法テラスへ相談に行ってみることもできます。

　いきなり警察や弁護士に相談することに抵抗がある場合でも、一人で抱え込まず、まずは家族や友人などの身近な人に相談しましょう。

| 事 例 | **オラオラ系彼氏に悩む友人（デートDV）** |

　Bさん（大学1年次生）は、同級生のCさんと仲良しです。

　Bさんは、ある日、Cさんの腕に青あざができているのを見つけ、「どうしたの？」とCさんに聞いたところ、「彼氏に殴られた」と言うのです。

　驚いたBさんは、Cさんから詳しく話を聞くと、つきあっている彼氏は、すごくやきもち焼きで、Cさんが友人の男性と話をしているのを見つけようものなら、「お前、浮気しているだろ！」、「俺以外の男と口を聞くな！」などと大声で怒鳴られ、機嫌が悪いと、Cさんの腕を引っ張ったり、殴ったりすることもあるというのです。

　その彼氏は、常にCさんの服装もチェックしていて、「スカートをはくな」とか、「胸元の開いた服を着るな」などと言われるそうです。さらに、Cさんの携帯電話を勝手に見ることもあって、友人の男性とのメールを見つけたときには、携帯電話を壊されたこともあるというのです。

　Bさんは、心の中で、「私だったらそんな彼氏、こっちから願い下げだわ」と思いましたが、Cさんは、「男らしいところが好きになった」と言って、彼氏と別れるか、まだ悩んでいるようです。

　Cさんの彼氏の行為は、法的に問題とならないのでしょうか。

結 論

　Cさんの彼氏の行為は、いわゆる「デートDV」にあたる可能性があります。

解説

【デートDVとは】

　デートDVとは、交際相手からの暴力などの被害をいいます（DVは「ドメスティック・バイオレンス」の略語です）。

　殴る、蹴るなど身体に対する暴力だけではなく、交際相手に「他の異性と会話をするな」などと命令したり、携帯電話の着信履歴やメールをチェックしたり、交友関係や行動を監視したりするなど、相手の気持ちを考えずに、自分の思いどおりに支配したり、束縛したりしようとする態度や行動も、デートDVにあたります。

　また、交際相手に対して、暴行を加え、怪我をさせたりすると、暴行罪や傷害罪が成立することになります。そして、これらの行為がエスカレートすると、ストーカー行為に該当する可能性も出てきます。

【デートDV被害を防ぐためには】

　ストーカー被害にあった場合と同様、一人で抱え込まず、家族や友人などの身近な人や弁護士などの法律の専門家、警察に速やかに相談してください。

　また、デートDVの被害者は、「暴力をふるわれるのは自分に原因がある」と思い込んだり、DV後に相手から優しくされたりすることで、デートDVだとわかっていながら抜け出せなかったり、離れられなかったりするケースもあります。

　このようなケースでは、周囲の人たちが被害者の変化（例えば、今回のような青あざや怪我をしていることなど）に気づき、被害者が孤立しないよう積極的に関わってあげることも必要となってきます。

事 例	セクハラ店長を撃退するには… (セクシャル・ハラスメント)

　Bさん（大学3年次生）のアルバイト先（大手外食チェーン店）の店長は、「セクハラ店長」としてアルバイト仲間の間でも有名です。

　その店長は、事あるごとにアルバイトの女の子にボディタッチをしてきます。お尻や胸を触られた子もいます。Bさんも店長からすれ違いざまにお尻を触られたことがあります。勤務時間中でも触ってこようとするので、逃げるのが大変です。Bさんやほかのアルバイトの女の子らが、店長にそれとなく注意しても「スキンシップだから」と言ってやめようとしません。

　さらに、閉店後、店長はBさんに「帰りが遅いと危ないから」と言って無理やり車で送ろうとすることもあります。Bさんが断っても、しつこく声をかけてきます。

　自分のアルバイト先の店長なので強く拒否できず、Bさんも悩んでいます。店長のセクハラを何とかやめさせることはできないでしょうか。

結論

　Bさんらに対する店長の行為は、明らかにセクハラ行為といえます。（Bさんらが働く）大手外食チェーン店の経営会社に、セクハラ相談窓口があれば、その窓口に相談してみましょう。また、会社にそういった窓口がない場合や社外の第三者に相談したい場合には、都道府県労働局雇用均等室に相談してみましょう。

解説

【セクシャル・ハラスメント（セクハラ）とは】

　セクシャル・ハラスメント（セクハラ）とは、一般的に、職場において行われる、相手の意に反する（望まない、不快に感じる）性的な言動のことを

指します。

　今回の店長の行為は、Ｂさんや他のアルバイトの女の子らの意に反し、不快に感じる性的な行為であることは間違いないので、店長の言動は明らかにセクハラ行為といえるでしょう。

【セクハラ被害を防ぐには】
　男女雇用機会均等法11条1項では、セクシャル・ハラスメントの防止等の具体的な措置義務を事業主に義務付けています。例えば、職場におけるセクハラ防止の方針を明確化し、労働者に周知・啓発することや、セクハラの相談窓口を設けるなど必要な体制を整備することが事業主には求められることになります。

　実際にセクハラ被害を受けた場合には、会社に設置されているセクハラ相談窓口に相談してみましょう。相談窓口が設置されていない場合でも、会社に対して適切な対応を求めることはできます。

　会社が動いてくれないような場合や、社外の第三者に相談したい場合には、都道府県労働局雇用均等室（※）に相談してみましょう。

　また、性的行為の強要について刑事責任の追及も可能となる場合がありますし、セクハラによって精神的苦痛や雇用上の不利益を蒙った場合には、相手方や会社に対して、損害賠償請求などの法的措置に及ぶこともできます。

（※）各都道府県の労働局雇用均等室の所在地・電話番号は、厚生労働省のウェブサイトに掲載されています。
　　http://www.mhlw.go.jp/bunya/koyoukintou/roudoukyoku/

6 「お酒」をめぐる法律問題

お酒は二十歳になってから

　お酒は二十歳になれば飲めるようになりますが、他人に迷惑をかけず、自分の身体に危険が生じない程度の分量のお酒を飲むためには、経験が必要です。

　お酒を飲むと気分が高揚して気持ちが大きくなり、普段であればしない行動もしてしまうおそれがあります。

　以下の事例と解説を読んで、楽しくお酒を飲むだけでなく、自分の行動に責任を持てる程度のお酒の飲み方を覚えてください。

事例　酔っぱらっていても許されない！？

　Aくんがサークルの飲み会の後に、会社員らしき男性にぶつかられて、その男性が謝らず、歩いて行こうとしたので、Aくんはその男性を呼び止め、いきなり殴ってしまいました。その男性は頭を地面に強く打ちつけて失神し、動かなくなりました。

　その男性は、すぐに救急車で病院に運ばれて、命に別状はなかったのですが、Aくんを訴えると言っているそうです。

　Aくんはかなり酔っぱらっていて当時の出来事をほとんど覚えていません。記憶がなくても犯罪になるのでしょうか？

結論

Aくんの行為には、傷害罪（刑法204条）が成立する可能性があります。

解説

　刑法39条1項には、「心神喪失者の行為は罰しない」とあり、同条2項は、「心神耗弱者の行為は、その刑を減軽する」とありますが、これらは、重度の精神病や薬物中毒などによって判断能力がない人などを想定していますので、程度にもよりますが、単にお酒に酔っぱらっていた程度では適用されません。

　したがって、Aくんには、傷害罪（15年以下の懲役または50万円以下の罰金）が成立する可能性があります。

　また、Aくんは、故意によって、他人に損害を与えていますので、民法709条による損害賠償責任を負います。

　損害賠償の対象になるのは、治療費、通院交通費などの実際に支出を要する費用だけでなく、休業損害、後遺障害によって得られなくなった将来の給料などの消極損害、入通院慰謝料、後遺障害慰謝料などがあり得ます。

　お酒に酔っぱらって気が大きくなれば普段は温厚なあなたでもトラブルに巻き込まれることがありますので、気をつけてください。

「原因において自由な行為」とは？

　犯罪をするために、わざと薬物を服用したりして自己を心神喪失または心神耗弱状態にした場合はどうなるでしょうか？

　この場合に、刑法39条を適用して罰しないことや刑を減軽することはあまりにも不合理です。

　そもそも、自らの意思で心神喪失などの状態にしたのであれば、犯罪行為のときに責任能力がなくても、責任を認めることが妥当だといえます。

　したがって、自らの意思で心神喪失などの原因を作った場合、その時点では責任能力があるので、責任能力があるものとして処罰されます。

　これを刑法上、「原因において自由な行為」の理論といいます。

| 事例 | 睡眠薬を飲ませたら傷害罪！？ |

　Ａくんは、アルバイトのストレスによって眠れない日が続いたので、病院で睡眠薬を処方してもらっていました。
　アルバイトの飲み会で、いつもＡくんに偉そうにする店長に恥をかかせたいと考えて、店長の飲んでいるビールに粉状にした睡眠薬を入れました。
　その後、店長は、一人でトイレに行くこともできないほどフラフラになり、数時間眠り続けることになりました。
　店長は眠っていただけであり、怪我をしたわけではないので、Ａくんの行為は犯罪にならないのではないでしょうか？

結論

Ａくんの行為には傷害罪が成立する可能性があります。

解説

　Ａくんの行為は、店長に意識障害および筋弛緩作用を伴う急性薬物中毒の症状を生じさせ、店長の健康状態を不良に変更し、その生活機能の障害を引き起こしたといえるので、傷害罪（刑法204条）が成立し、Ａくんは、15年以下の懲役または50万円以下の罰金に処せられる可能性があります。

| 事例 | 無理矢理じゃなくても強姦罪！？ |

　Ａくんはサークルの飲み会の後、Ｂさんがかなり酔っぱらっていたので介抱をしていると、お互いの終電の時間を過ぎてしまいました。
　Ａくんは、一人で歩けないほど酔っぱらっているＢさんをそのままにできないので、Ｂさんを連れてホテルに行きました。
　しかし、Ａくんは、寝ているＢさんを見ていたら、ムラムラして性行為をしたくなりました。
　Ａくんは、翌日、Ｂさんから「Ａくんを訴える」と言われたのですが、無理矢理Ｂさんと性行為をしたのではありません。Ａくんの行為は犯罪になるのでしょうか？

結論

　Ａくんの行為には準強姦罪（刑法178条2項）が成立する可能性があります。

解説

　男性が女性の反抗を著しく困難にする程度の暴行または脅迫を用いて性行為におよんだ場合は強姦罪（刑法177条（3年以上20年以下の懲役））が成立しますが、暴行などを用いていなくとも、女性の心神喪失もしくは抗拒不能に乗じて同様のことを行えば、準強姦罪（刑法178条2項（3年以上20年以下の懲役））が成立します。
　また、女性の性的自由を侵害していますので、民事上の損害賠償責任（民法709条、710条）も負います。
　この場合の慰謝料額は、最低でも100万円～300万円か、それ以上になる可能性もあります。
　強姦罪は心の殺人ともいわれるほど、女性の心に深い傷をつけます。

現在の法定刑の下限は「3年以上の懲役」ですから、強姦罪は重大犯罪ですが、今後は刑法が改正され強盗罪同様に法定刑の下限が「5年以上の懲役」になることも検討されています。

民事訴訟における賠償額も高くなっている傾向にあります。このようなことは絶対にしてはいけません。

事例　最後まで介抱する必要がある!?

Aくんがサークルの飲み会で酔い潰れて周りに迷惑をかけることが多いので、みんなでAくんに飲み過ぎないように言うのですが、Aくんは、「今日は大丈夫だ」と言いながら飲み続けるのです。

この前のサークルの飲み会でも、みんなの制止にもかかわらずAくんが飲み過ぎてしまい、路上で嘔吐してそのまま寝てしまいました。

これからは、Aくんが酔い潰れて路上で寝てしまうことがあっても、放置して帰ろうと思いますが、問題はありますか？

結論

保護責任者遺棄罪（刑法218条）が成立する可能性があります。

解説

Aくんを看護していた者が、Aくんが酩酊状態のときにAくんを放置して、Aくんの生命や身体が害される危険性があれば、保護責任者遺棄罪（刑法218条）が成立する可能性があります。

仮に、Aくんが亡くなってしまえば、保護責任者遺棄致死罪（刑法219条）が成立する可能性もあります。そして、遺族から損害賠償請求（民法709条）をされる可能性もありますので、注意してください。

急性アルコール中毒者への対応方法

　一気飲みが危険である以上、一気飲みを無理に勧めることは絶対に許されませんし、一気飲みを勧められても無理して飲まないようにしてください。

　万が一、急性アルコール中毒の疑いのある人がいた場合、吐物による窒息を防ぐため、①横向きに寝かせ、②吐きそうになったら、その横向きの状態で吐かせてください。

　抱き起こして吐かせようとすると、吐物が逆流してのどに詰まり、窒息する可能性がありますので、意識が低下している場合は無理に吐かせないようにしてください。

　また、大いびきをかいて痛覚刺激に反応しない、揺すって呼びかけても反応しない、体が冷たくなっている、倒れて口から泡を吐いている、呼吸状態が不安定などの兆候が現れた場合は危険ですので、すぐに救急車を呼んでください。

| 事例 | **勝手に写真を撮るな！** |

酔い潰れたAくんが路上に倒れて寝たので、Aくんの写真を撮ってサークル仲間のSNS（ソーシャル・ネットワーキング・サービス）に投稿しました。
　Aくんは恥ずかしい思いをさせられたと怒っていますが、何か問題があるでしょうか？

結論

承諾なく写真を撮る行為およびSNSに投稿する行為は、Aくんの肖像権またはプライバシーを侵害することになります。

解説

　自己の容貌をみだりに撮影されない権利、撮影された写真などを承諾なく公開されない権利は、肖像権として保護されていますので、Aくんを勝手に撮影し、写真をSNSに投稿すれば、Aくんの肖像権を侵害する行為になります。

　また、酔い潰れた姿は、一般人が公開を欲しないであろう私生活上の事実ですので、酔い潰れたAくんの写真を撮影して公開する行為は、Aくんのプライバシーを侵害する行為になります。

　したがって、Aくんは、撮影者に対して、肖像権およびプライバシーの侵害を理由に損害賠償請求をすることが考えられます。

　損害賠償額は、写真の恥ずかしさの程度や、公開範囲の程度によって変わりますが、トラブルになる可能性が高いので、承諾なく写真を撮ることは控えましょう。

一気飲みはめちゃくちゃダサい!?

　大学生や新社会人が新人歓迎会などの飲み会で雰囲気にのまれて、一気飲みを断れず、死亡に至る事件が毎年のように発生しています。
　急性アルコール中毒によって毎年1万人前後の人が救急搬送されており、その半数を20代が占めていることからも、若者の無茶な飲み方が急性アルコール中毒になる原因だと考えられます。
　では、毎年のように若者が一気飲みによって死亡している事件があり、一気飲みが非常に危険な行為であるにもかかわらず、なぜ一気飲みをするのでしょうか？
　それは、一気飲みをすればお酒に強いと思われ、「お酒に強い人＝かっこいい人と勘違いしている」、「無茶なことをするのがかっこいいと勘違いしている」からだと思われます。
　しかしながら、一気飲みをして盛り上がっているのは一部だけであり、その他の多くは白けています。一気飲みをしても、それが理由でモテることは一切ありませんので、お酒の飲み方には注意してください。

7 「日常生活」をめぐる法律問題

　皆さんに質問です。次のような出来事に心当たりはありませんか。
　●皆さんは、他人の傘を勝手に使ったり、他人の自転車を勝手に乗ったりしたことがありませんか？
　●皆さんは、いわゆる「借りパク」をしたことはありませんか？
　●皆さんは、他人の了解なく、携帯電話の充電をしたことはありませんか？
　●皆さんは、他人が金融機関で預貯金口座を開設したり、クレジットカードを作ったりしたときに、名義を貸したことはありませんか？
　●皆さんは、カッターナイフやはさみを理由もなく持ち歩いたことはありませんか？
　この中の一つでも心当たりがある人は要注意！　気づかないうちに犯罪者になっているかもしれませんよ。
　ここでは、日常生活において、犯罪者予備軍となるような事例を集めてみました。
　日頃から、自分の行動には責任を持って生活してください。

> **事 例** ｜ **刃物の持ち歩きにはご注意！**
>
> 　Ｂさんは、日頃から護身用にカッターナイフ（刃渡りが9cm）を鞄の中に入れていました。ある日、暗い夜道を歩いていたところ、不審な男がついてきたため、カッターナイフを手に持って歩いていると、警察官に呼び止められました。
> 　Ｂさんが警察官に事情を話したところ、警察官に「今度から護身用であってもカッターナイフを携帯してはいけませんよ」と厳しく注意されました。何が問題だったのでしょうか。
> 　仮に、Ｂさんの持っていた物が刃渡り4cmのはさみでも問題だったのでしょうか。

結 論

　Ｂさんの行為は、いわゆる銃刀法（正確には「銃砲刀剣類所持等取締法」）に違反する行為であり、2年以下の懲役または30万円以下の罰金に処せられる可能性があります。
　仮に、Ｂさんが持っていた物がはさみのような小ぶりのものであった場合には、銃刀法には違反しませんが、軽犯罪法に違反します。なお、軽犯罪法では、拘留または科料に処せられる可能性があります。

解 説

　銃刀法22条において、業務上その他正当な事由がある場合を除いて、原則として刃体の長さが6cmを超える刃物を所持することが禁止されています。Ｂさんは刃体の長さが6cmを超える9cmのカッターナイフを所持しており、銃刀法に違反することとなります。
　そして、正当な事由とは購入して持ち帰る場合などを指し、護身用というのは正当な事由にあたりません。Ｂさんの行為は、同法22条に違反する行

為であり、2年以下の懲役または30万円以下の罰金に処せられる可能性があります。

また、軽犯罪法1条2号において、正当な理由なく、刃物、鉄棒その他人の生命を害し、または人の身体に重大な害を加えるのに使用されるような器具を隠して携帯する行為が禁止されており、仮に銃刀法に違反しない小ぶりな刃物であったとしても、この法律に違反する可能性があります。

したがって、小ぶりなはさみを持っていたBさんの行為は、軽犯罪法に違反し、Bさんは拘留または科料に処せられる可能性があります。

あなたも正当かつ具体的な理由がないのに、刃物を持ち歩くことは厳に慎んでください。

事例　借りパクは許さない！

Aくんは、同級生の友人が海外に1年間留学に行くということで、その友人から最新型のゲーム機本体とソフト一式を借りました。

ところが、Aくんは、ギャンブルに手を出して大損をしてしまい、アルバイトの給料が入る月末までの生活にも困る状態となってしまいました。

このようなときに、Aくんは「ゲーム機高価買取」とうたう中古買取業者の広告が目に入り、しばらく葛藤していましたが、「そのうちアルバイト代が入ったら再度購入して返せばいいや」という軽い気持ちで、その友人から借りているゲーム機本体とソフト一式を売却してしまいました。

Aくんの行為は、何か問題があるでしょうか。

結論

Aくんには、横領罪が成立し、5年以下の懲役に処せられる可能性があります。

なお、Aくんは、友人に対して、売却した物についての損害賠償責任を負うことになります。

解説

他人から本やDVD、ゲームなどの物を借り、そのまま返さない行為を、俗に「借りパク」といいます。

「借りパク」のように、他人の物を預かっているときに（法律上は「占有」といいます）、そのまま返さず自分の物にする行為を「横領」行為といいます。他人の物を横領した者には、横領罪（刑法253条）が成立し、5年以下の懲役に処せられる可能性があります。

Aくんの場合も、友人から借りたゲーム機などを勝手に売却した行為は横領行為となり、Aくんには横領罪が成立します。

仮に、Aくんが後に同じ物を購入して返そうと思っていたとしても、横領罪が成立することに変わりはありませんし、また実際に、Aくんが売却した後に同じ物を購入していたとしても、一度成立した横領罪が消滅することにはなりません。

なお、Aくんは、「必ず返す」という友人との約束に反して、ゲーム機などを売却してしまっているので、友人に対して損害賠償責任を負うことになります。

このようなAくんの行為は、犯罪が成立することはもちろんですが、人間関係にも亀裂を生じさせる行為ですので、絶対にこのようなことをしてはいけません。

| 事例 | 傘の無断拝借は犯罪者の入り口！？ |

　Ｂさんは、ある雨の日、祖母から入学祝いにもらったお気に入りの傘（購入時価格1万円）を差して通学途中、大学構内の生協に立ち寄り、お気に入りの傘を入り口の傘立てに立てておきました。

　ちょうどそのとき、Ａくんは、傘を忘れていたため、生協で雨宿りしようかと考えていたところ、生協の入り口に傘を見つけ、それを差して帰りました。

　Ａくんは、少し傷んだ傘なので、別になくなったとしても持ち主が困ることはないだろうと身勝手な気持ちで傘を持って帰ったのでした。

　Ｂさんは買い物を終え、傘がないことに気づき、祖母からもらった大事な傘をなくしてしまったことに愕然とし、その場で泣き崩れました。Ａくんは何か罪に問われないのでしょうか。

結論

　傘を勝手に持っていったＡくんには窃盗罪（刑法235条）が成立し、10年以下の懲役または50万円以下の罰金に処せられる可能性があります。

解説

　Ａくんは、Ｂさんの傘を勝手に持っていき、その結果、Ｂさんは、祖母からの贈り物の傘を奪われ、ひどく落ち込んでいます。皆さんの中にも、Ｂさんと同じように、雨の日に傘を勝手に持っていかれ、悔しい思いをした方もいるのではないでしょうか。

　Ａくんの軽率な行為は、道義的に非難に値する行為であることはいうまでもありませんが、さらに、他人の財産（傘）を、勝手に自分の物にしている

ため、窃盗罪（刑法235条）が成立します。刑事裁判にかけられれば、Ａくんは10年以下の懲役または50万円以下の罰金に処せられる可能性があります。

では、これが財産的価値の低い傘（例えば、300円程度のビニール傘）であったらどうでしょうか。

この場合でも、他人の財産を奪って、自分の物にしているのですから、窃盗罪が成立します。この犯罪の成立は、奪った物の価値の軽重によって変わるものではないのです。例えば、コンビニで10円のガムをこっそり持っていったとしても（いわゆる万引き）、窃盗罪が成立することに変わりはありません。

背後に悲しむ被害者がいることを忘れずに、絶対にこのような軽率な行動をしてはなりません。

事 例	電気はタダではない！？

　Ｂさんは、大学の近くにあるカフェに寄ってから自宅に帰ることが日課でした。その店で、Ｂさんは、いつものんびりと読書を楽しむとともに、店のコンセントを使ってスマートフォンを充電していました。充電するときには、ほぼ毎日1時間以上、スマートフォンを充電していたことになります。

　ある日、Ｂさんがそのお店に行っていつものように充電していたところ、店員から「店のコンセントを使ってスマートフォンを充電しないでください。警察に連絡しますよ」と注意されました。

　Ｂさんの行為は、何か問題があったのでしょうか。

結 論

店に無断でスマートフォンを充電したＢさんには、窃盗罪（刑法

235条）が成立し、10年以下の懲役または50万円以下の罰金に処せられる可能性があります。

解説

　すでに説明しましたが、他人の財産を奪って自分の物にする行為には窃盗罪（刑法235条）が成立します。

　また、電気は、目に見えないものですが、法律上「財物」（刑法245条）とされていますので、電気を勝手に使用した場合にも窃盗罪が成立することになります。

　したがって、店のコンセントを無断で使ってスマートフォンを充電したBさんには窃盗罪が成立し、Bさんは10年以下の懲役または50万円以下の罰金に処せられる可能性があります。実際に、電気窃盗をしたことによって、刑事裁判にかけられたケースもありますので注意してください。

　充電をしている間の電気料金はほんのわずかなものかもしれませんが、電気の無断使用は犯罪であることを自覚する必要があります。

　なお、この行為が犯罪になるのは、承諾がない場合ですので、承諾の上で充電する場合には犯罪とはなりません。最近では充電することを許している店もありますので、充電する場合には、充電が許容されているかどうかを必ず確認するようにしましょう。

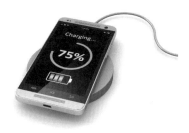

| 事例 | いつのまにか詐欺の片棒をかつぐ！？ |

　Ａくんは、高校時代の先輩から、簡単な仕事があると言われ、アルバイトを紹介されました。そのアルバイトの内容は、当日に渡されたキャッシュカードを使って、ATMでお金を引き出してくるというものでした。そして、その報酬として引き出した額の10％がもらえるということでした。

　Ａくんは、怪しい仕事であると思いながらも、集合場所に行き、その場で渡された複数枚のキャッシュカードを使って、指示されたとおりに、総額200万円の現金をATMから引き出し、報酬として20万円をもらいました。このようなＡくんの行為には、何か問題があるのでしょうか。

結論

　Ａくんの行為は、いわゆる振り込め詐欺における出し子の役割の可能性があります。Ａくんには窃盗罪が成立し、10年以下の懲役または50万円以下の罰金に処せられる可能性があります。

解説

　振り込め詐欺の典型的な手口としては、あたかも電話の相手の身内であるかのように装って電話をかけ、交通事故に遭って示談金が必要だから振り込んで欲しいなどと連絡してお金を振り込ませるもので、このような行為には詐欺罪（刑法246条1項）が成立します。

　また、振り込め詐欺には、振り込ませたお金を預貯金口座から引き出す役割の者（出し子）がいます。その者が一連の行為の計画立案者であったり、直接騙す行為をしたりしていれば、当然詐欺罪が成立しますが、そうではなくATMから現金を引き出す行為だけを行っていた場合でも、窃盗罪が成立

することになります。

　Aくんの行為は、まさにこのような出し子の役割であり、窃盗罪が成立し、Aくんは10年以下の懲役または50万円以下の罰金に処せられる可能性があります。そして、昨今の振り込め詐欺に対する社会的関心を考えると、この詐欺に関わった場合には、罰金刑で終わるケースというのはほとんどなく、被害者が多く、被害額が大きければ大きいほど、初犯であったとしても、刑事裁判になり、執行猶予が付かない判決を受けることもあります。

　なお、振り込め詐欺の電話をかける役割を行う者を「かけ子」といい、預貯金口座に振り込ませず被害者のところへ直接受け取りに行く役割の者を「受け子」といいますが、これらの者には詐欺罪が成立する可能性があります。

　振り込め詐欺は重大な犯罪であるということを認識し、決して怪しいアルバイトには手を出さないようにしてください。

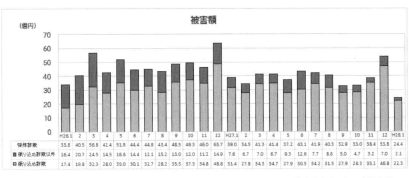

出典：警察庁振り込め詐欺対策HP
（https://www.npa.go.jp/safetylife/seianki31/1_hurikome.htm）

| 事 例 | **無銭飲食・無銭宿泊** |

　Aくんはギャンブルが大好きで、本来であれば生活費として残しておかなければならないお金まで使い果たしてしまい、次のアルバイト代が入る月末までそうめんばかり食べて生活していました。

　ある日、Aくんは、あまりの空腹に耐えかねて、財布にお金が7円しか入っていないにもかかわらず、大学近くのステーキハウスに入店し、2500円もするサーロインステーキを注文し、完食しました。

　その後、Aくんは、店員の隙を見て逃げ出そうとしましたが、結局捕まってしまいました。Aくんは何か罪に問われるのでしょうか。

　仮に、Aくんが、サーロインステーキを注文して完食した後、会計の時点で財布にお金が入っていないことに気づいた場合はどうでしょうか。Aくんは、適当に嘘をついて逃げてしまえばいいのでしょうか。

　この事例とは少し違って、お金がないにもかかわらず、ホテルに泊まった場合はどうでしょうか。

結 論

　まず、Aくんがお金もないのにサーロインステーキを注文して、それを店に提供させた行為については、詐欺罪（刑法246条1項）が成立します。

　また、Aくんがお金を持っていないことに気づかずにサーロインステーキを注文した場合は、店の人をだます意思がないので、詐欺罪は成立しません。しかし、会計のときに「友人に借りてくる」などと嘘をついてお金の支払を免れた場合には、詐欺罪（刑法246条2項）が成立する可能性がありますので、お金が足りないと気づいたときは、決して逃げずに店の人に正直に事情を話してください。

さらに、お金がないのにホテルに泊まった場合についても詐欺罪（刑法246条2項）が成立します。
　詐欺罪が成立する場合には、Aくんは10年以下の懲役に処せられる可能性があります。

> **解説**

　他人を騙して、財物（お金などの財産）を提供させる行為には、詐欺罪（刑法246条1項）が成立します。
　Aくんは、代金を支払うお金がないのに、それがあたかもあるかのように装って（飲食店で注文する行為は、代金を支払えることが前提となっています）、お店に対して、サーロインステーキという財物を提供させているのですから、詐欺罪が成立します。
　この行為には、詐欺行為をしているとの認識が必要となるため、仮にAくんが注文の時にお金があると思っていた場合には、詐欺罪は成立しないことになります。
　しかし、このような状態であることを知りつつ、会計の時に嘘をついて代金の支払を免れるということは、お店から代金を請求された場合に、代金を支払わないといけないという負担を免れることを意味しますので、この場合にも詐欺罪が成立します（法律的な話をすると、債務を支払わなくてよいという「利益」を得たことになりますので、刑法246条1項ではなくて、同条2項の詐欺罪が成立することになります）。
　そうすると、Aくんのように、後になってお金が財布に入っていないことに気づいた場合には、決して逃げることを考えずに、事情を説明して、代金を後で持ってくることを約束するようにしてください。
　なお、ホテルの場合には、宿泊できるという利益を得たということになるので、刑法246条1項ではなく、同条2項の詐欺罪が成立することになります。
　以上のような詐欺罪が成立する場合には、Aくんは10年以下の懲役に処せられる可能性があります。

7　「日常生活」をめぐる法律問題

事例　「名義を貸しただけ」それだけでは済まされない！

　Ａくんは、浪費癖があり、気に入ったものがあればすぐに購入するという生活をしていたので、生活費の大半を使い果たすことがよくあり、そのような時には知人からお金を借りたりして生活していました。このようなとき、Ａくんは、知人から「Ａくん名義で銀行預金口座を作って、それを譲渡してくれないか。報酬ははずむから」と頼まれました。

　Ａくんは、報酬に目がくらみ、銀行で自分名義の預金口座を作り、通帳とキャッシュカードを受け取り、知人に渡しました。Ａくんは何か罪に問われるでしょうか。

　また、Ａくんが他人に譲渡する目的で、銀行預金口座ではなく携帯電話を契約して、それを他人に譲渡した場合はどうでしょうか。

結論

　Ａくんは、後述の特別法や詐欺罪（刑法246条1項）によって、刑罰に処せられる可能性があります。

　また、携帯電話を他人に利用させてしまうと、それによって発生した利用料金については、名義人であるＡくん自身が支払わないといけなくなります。

解説

　まず、他人に譲渡する目的で銀行預金口座を作成したＡくんの行為は、預金口座等の不正利用防止法（正式には「金融機関等による顧客等の本人確認等及び預金口座等の不正な利用の防止に関する法律」）に違反します。また、銀行に対する詐欺罪（刑法246条1項）も成立します。

　また、他人に譲渡する目的で携帯電話を契約し、他人に譲渡した行為は、

携帯電話不正利用防止法(正式には「携帯音声通信事業者による契約者等の本人確認等及び携帯音声通信役務の不正な利用の防止に関する法律」)に違反します。また、詐欺罪(刑法246条1項)も成立します。

それでは、携帯電話の利用料金についてはどうでしょうか。例えば、Ａくんは携帯電話の利用料金を支払わなければならないでしょうか。

結論としては、Ａくんは、例え名義を貸しただけであっても、契約者となっている以上、携帯電話の利用料金を支払わないといけないことになります。

このように、安易に他人に名義を貸した場合、重大な責任を負わなければならないことになります。事例であげたもの以外でも、例えば、クレジットカードなど、多額の返済を迫られるケースもありますので、絶対に他人に名義を貸さないことが肝心です。

事例　痴漢の代償

Ａくんは、大学に電車で通っていましたが、ある日、可愛い女の子を見かけ、その女の子のお尻を衣類の上から触ってしまいました。

Ａくんは、その行為を周囲の人に目撃されていたため取り押さえられ、最終的に駆けつけた警察官によって逮捕されてしまいました。

Ａくんは何か罪に問われるでしょうか。

結論

Ａくんは各地で定められている迷惑防止条例に違反することとなり、罰せられることとなります。また、痴漢の程度や態様によっては、条例ではなく刑法の強制わいせつ罪(刑法176条)が成立する可能性があります。

解説

　Aくんのように、人を著しくしゅう恥させ、または人に不安を覚えさせるような方法で、公共の場所または公共の乗物において、衣服等の上から、または直接人の身体に触れること（痴漢行為）については、各地の迷惑防止条例によって禁止されています。

　例えば、大阪府であれば、「大阪府公衆に著しく迷惑をかける暴力的不良行為等の防止に関する条例」があり、6か月以下の懲役または50万円以下の罰金に処せられる可能性があります。

　また、今回は、迷惑防止条例違反だけで済みましたが、例えば、下着の中に手を入れたり、執拗であったりした場合には、迷惑防止条例ではなく、強制わいせつ罪（刑法176条）が成立する可能性があります。この場合には、6か月以上10年以下の懲役に処せられる可能性があります。

　このような行為をした場合には、現行犯として警察官に逮捕される可能性があります。そのことによって、大学に通えなくなり、場合によっては退学しなければならないこともあります。

　なお、混雑した電車内では意図せずして他人に触れてしまうこともあり、痴漢の疑いをかけられる危険もあります。痴漢については冤罪も起こりやすいのです。自分自身が疑いをかけられないように、混雑した電車内では疑われるような行動を慎むよう心がけてください。

8 「消費者」をめぐる法律問題

　消費者である私たちは、一般的に商品やサービスに対する知識や情報を十分持ち合わせていないことが多く、契約をするときに適切な判断ができない場合があります。また、社会経験が少ない大学生は、悪質業者の標的として狙われやすく、悪質商法の被害に巻き込まれることも少なくありません。

　大学生が巻き込まれやすい悪質商法としては、事例でも取り上げる「ワンクリック詐欺」といわれるものや「アポイントメントセールス」、「キャッチセールス」、「マルチ商法」、「ねずみ講」、「ネットワークビジネス」、「コミュニケーションビジネス」などさまざまな名称で呼ばれるものがあります。

　アポイントメントセールスやキャッチセールスなどでは、「あなただけ○○に当選しました」、「今なら○○のサービスが無料！」、「特典として○○を差し上げます」など、さまざまなセールストークで誘い出し、契約を迫ってきます。こうした誘いには気軽に応じず、必要がなければきっぱりと断ることが大切です。

　また、親しい友人などから「簡単に儲かる」、「必ず儲かる」などと言われると断りにくいかもしれませんが、マルチ商法などでは、こうした断りにくいといった人間心理につけ込んで、商品の購入などを迫ってきます。世の中、うまい話はそんなにありません。親しい相手からの誘いであっても、はっきり断ることが必要となってくることがあります。

　実際に被害にあってしまったり、トラブルに巻き込まれてしまったりしたときには、速やかに弁護士などの法律の専門家や消費生活センター[※]に相談しましょう。また、クーリング・オフ制度などを利用できる場合があることも、あらかじめ知っておいた方がよいでしょう。

（※）消費生活センターでは、商品やサービスなど消費生活全般に関する苦情や問い合わせに対応しています。消費者ホットライン（局番なしの「188」）へ電話をすれば、近くの消費生活相談窓口を案内してくれます。

| 事例 | ワンクリック詐欺 |

　音楽好きなＡくん（大学1年次生）は、ある日、スマートフォンでネットサーフィンをしていたところ、あるウェブサイト上で「好きな音楽100曲を無料でダウンロードできます！」という広告を見つけました。
　興味を持ったＡくんが、その広告サイトをクリックしたところ、突然「当サイトへのご登録ありがとうございました」と画面に表示され、その後「登録料金として2万円を1週間以内にお支払ください」、「期限内に支払わなければ法的手続をとります」と書かれたメールが届きました。
　さて、Ａくんは登録料金を支払わなければならないのでしょうか。

結論

Ａくんは登録料金を支払う必要はありません。

解説

【契約について】
　Ａくんとこの広告サイトの運営者との間で「登録料金2万円を支払って、このサイトの会員に登録する」という「契約」が成立すれば、Ａくんは登録料金を支払わなければなりません。
　今回、Ａくんと広告サイトの運営者との間で「契約」が成立するためには、Ａくん自ら「お金を支払って会員に登録する」という意思で広告をクリックしていなければなりません。
　しかし、Ａくんは単に広告サイトをクリックしただけで、「お金を支払って会員に登録する」という意思はありませんでした。今回の広告サイトには、登録するのに料金がかかることや有料サイトであることについてあらかじめ表示されて

もいなかったので、「登録料金2万円を支払って、このサイトの会員に登録する」という「契約」が成立していません。

したがって、Aくんは登録料金を支払う必要はありません。

【ワンクリック詐欺について】

今回、Aくんが登録料金を支払ってしまっていたら、どうなっていたでしょうか。広告サイトの運営者は、Aくんに登録料金を支払う義務はないのに、「サイトの会員に登録する」という契約が成立したかのように騙して、Aくんにお金を支払わせています。Aくんは、本来支払う必要のないお金を支払ったのですから、広告サイトの運営者に対して、支払ったお金の返還を求める（あるいは支払ったお金と同額を弁償してもらう）ことができます（不当利得（民法703条）あるいは不法行為（民法709条））。さらに、今回のように、広告サイトの運営者がAくんを騙してお金を支払わせた行為は、刑法上の詐欺罪（246条）にあたります。

民法上の取消し

民法上の取消しには、①未成年者の法律行為の取消し（民法5条2項）、②詐欺による意思表示の取消し（民法96条1項）、③強迫による意思表示の取消し（民法96条1項）などがあります。

未成年者が何らかの契約をする場合は、法定代理人（通常は親権者である父母）の同意を得なければならず、法定代理人の同意を得ずになされた契約は取り消すことができます（①）。

また、相手に嘘の事実を聞かされて、錯誤に陥った状態で契約をしてしまった場合（②）や、相手に脅されて恐怖心から契約をしてしまった場合（③）なども契約を取り消すことができます。

もっとも、未成年者が成年になった後は追認（民法124条）が可能となります。また、詐欺であることを知った後や、強迫行為が終わった後についても同様に追認が可能となります。そして、追認することができる時から5年間、取消権を行使しなかった場合などは、取消権が時効により消滅し（民法126条）、取消権を行使できなくなりますので注意してください。

 **クーリング・オフ制度**

　クーリング・オフ制度とは、消費者が契約をした後で冷静に考え直す時間を与え、一定の期間内であれば無条件で契約を解除できる制度です。
　クーリング・オフ制度は「契約は守らなければいけない」という原則の例外で、クーリング・オフできる取引は法律や約款に定められています。
　なお、クーリング・オフの通知は書面で行う必要があります。

■ **訪問販売（特定商取引に関する法律9条）**
　事業者の店舗や営業所以外の場所（例えば、消費者の自宅など）で契約を締結した場合、契約書を受け取った時から8日以内であれば、当該契約を解除することができます。

■ **電話勧誘販売（特定商取引に関する法律24条）**
　事業者から電話による勧誘を受けて契約を締結した場合、契約書を受け取った時から8日以内であれば、当該契約を解除することができます。

■ **連鎖販売取引（特定商取引に関する法律40条）**
　他の人を加入させれば一定の利益が得られるといわれて、金銭的負担をして商品やサービスの提供を受けた場合、契約書を受け取った時から20日以内であれば当該契約を解除することができます。

■ **特定継続的役務提供（特定商取引に関する法律48条）**
　5万円を超える金銭を支払い、エステティックサロンや語学教室、パソコン教室など、一定期間継続するサービスの提供を受ける契約については、契約書を受け取った時から8日以内であれば当該契約を解除することができます。

■ **業務提供誘引販売取引（特定商取引に関する法律58条）**
　仕事の紹介や仕事を提供するために必要であるなどといって、商品やサービス、登録料と称して金銭を支払わせる契約については、契約書を受け取った時から20日以内であれば当該契約を解除することができます。

事例　甘い言葉にご用心

　Ａくんは大学4年次生で、現在就職活動中です。友人らが次々と就職先を決めていく中で、Ａくんはなかなか就職先が決まりません。そんな中、Ａくんは人脈を広げようと、友人のＢさんに誘われて、とある自己啓発セミナーに参加することになりました。

　そのセミナーでは、就職活動を有利に進めるためには英語で会話できることが必須であると説明され、短時間で英会話をマスターできるDVDが紹介されました。セミナーの主催者は、当該DVDは1セット10万円であるが、会員になってこれを5セット購入して、4人の友人に1セット10万円で売れば、主催者から20万円のボーナスがもらえるので、実質は10万円の儲けになるとＡくんに説明しました。Ａくんは友人Ｂさんに勧められ、Ｂさんの紹介を受けて会員になり、当該DVDを5セット購入することにし、両親には内緒で自分の貯金から50万円を支払いました。

　Ａくんは20万円のボーナスをもらおうと、大学やサークル、高校時代の友人など、ありとあらゆる人に手当たり次第電話をかけて勧誘しましたが、なかなか勧誘に応じてくれる人がいませんでした。そこで購入したDVDを全て返品して、契約を解除したいと思うようになりました。

　Ａくんは契約を解除できるでしょうか。

結論

　契約書を受け取った時から20日以内であれば、クーリング・オフができます。

解説

　他人を加入させれば利益が得られるといって商品を買わせる方法は、連鎖販売取引（いわゆるマルチ商法）に該当します（特定商取引に関する法律33条）。

　よって、契約書を受け取った時から20日以内であれば、クーリング・オフ制度により、契約の解除が可能です（特定商取引に関する法律40条1項）。また、すでに引き取った商品のDVDを返品する際の費用は、連鎖販売を行う業者が負担することとなります（特定商取引に関する法律40条3項）。

　クーリング・オフの期間を経過した後であっても、一定の解約料を支払えば、理由の如何を問わず連鎖販売契約の解約（組織からの退会）ができるという中途解約制度があります（特定商取引に関する法律40条の2第1項）。また、入会後1年以内の中途解約で、商品の引渡しから90日以内の未使用・未販売の商品については、商品販売契約（DVDの売買契約）を解除して返品することができます（特定商取引に関する法律40条の2第2項）。

　よって、Aくんは上記条件を充たせば、買い取った商品を返品し、代金を返還してもらうことができます。

マルチ商法とねずみ講

　マルチ商法とは、販売組織への加盟を勧誘し、販売員となった者に販売活動をさせ、その販売員がさらに別の人物を販売員として勧誘し、その者に販売活動をさせることで、ピラミッド状の販売組織を作り、利益を得る仕組みのビジネスのことです。マルチ商法は法律用語ではなく、「ねずみ講式販売」や「ネットワークビジネス」、「コミュニケーションビジネス」などさまざまな名称で呼ばれています。

　販売員は配下の加入者を増やし、配下の加入者の売上げの一部を自己の利益とするため、ピラミッドの上層部の者は多くの利益を得ることができます。これに対し、ピラミッドの下層部の者は利益が得られると思い販売組織に加入したのに、全く利益を得られず大きな損害を抱えることになるため問題視されています。

　ねずみ講とは、金品を支払う参加者が無限に増加することを前提に、先に加入した会員が、少なくとも2倍以上の倍率で増加する後続加入会員が支払う金品によって、当初の支払額を超える金品を受け取ることのできる仕組みになっている金融組織のことをいいます。

　ねずみ講はマルチ商法と異なり、商品の販売や役務の提供を介在させず、金品の配当のみを行う組織です。ねずみ講は人口が有限である中で会員が無限に増加することはあり得ず、破たんすることが明らかですので、「無限連鎖講の防止に関する法律」によって全面的に禁止されています。

　一方、マルチ商法は法律による全面禁止はされていませんが、特定商取引に関する法律により非常に厳しい規制がなされています。

9 「倒産」をめぐる法律問題

身の丈に合った生活を！

　大学生になると、高級ブランドの時計やバッグ、アクセサリー、服などが欲しくなり、ついついクレジットカードで購入してしまうこともあるでしょう。

　しかし、クレジットカードでの買い物は、手もとに現金がなくても買えてしまいますし、分割で支払うこともできるため、安易に高価な物を購入してしまいがちです。クレジットカードの支払に充てるために、サラ金からお金を借りてしまったり、高額な報酬を得ようとして違法なアルバイトに手を出してしまったりする例もあるようです。

　身の丈に合った生活をするよう心がけてください。

事例　実家が借金地獄に！？

　Aくん（大学3年次生）の実家はクリーニング店を営んでいます。お父さんがお祖父さんの代から続いているクリーニング店を営み、お母さんもそこで働いていました。Aくんの実家は田舎にありますが、町に1軒しかクリーニング店がなかったことから、Aくんが高校生のころまではお父さんのクリーニング店の経営は順調でした。ところが、最近になって、大手のクリーニング店がAくんの実家の町にも進出してきて、かなり安い料金でチェーン店をオープンさせたことから、お父さんのクリーニング店のお客さんはだんだん減って

きているそうです。
　お父さんは実家の住宅ローンを抱えながらも、クリーニングで使う機械のリース料を支払ってきましたが、売上げの減少に伴い、家計に組み入れるお金がなくなってきました。クリーニング店の売上げだけでは家計のやりくりができなくなってきたので、お母さんが銀行やクレジット会社のカードローンなどから借り入れて家計のやりくりをしていました。しかし、次第にこれらの返済も遅れがちになり、銀行やクレジット会社からは限度額いっぱいまで借りていることからこれ以上借りることはできず、これらの返済のためにサラ金から借入れをするようになりました。そして、サラ金で借りたお金で銀行やクレジット会社に返済し、再び銀行やクレジット会社で限度額ぎりぎりまで借り入れてサラ金に返済するということを毎月繰り返していました。
　ところが、タイミング悪く、お母さんが腰を痛めて自宅で安静にしていなければならなくなり、パートができなくなってしまいました。このため、お母さんは銀行、クレジット会社やサラ金への返済ができなくなり、お父さんにも、お母さんの借金まで返済していく力がありません。お母さんの借金は合計すると500万円以上あります。一方で、お母さんには資産と呼べるものは一切ありません。
　お母さんの借金を何とかする方法はないのでしょうか。

結論

自己破産という方法があります。

解説

　自己破産と聞くとマイナスなイメージがありますが、実際には、借金と決別して新たなスタートを切るための手続です。
　自己破産をしても、原則として戸籍には載りませんし、会社や友人に知ら

れることなく手続を進めることができます。もっとも、官報という独立行政法人国立印刷局が運営している新聞のようなものには掲載されてしまいますが、官報を見ている人はほとんどいないでしょう。

　自己破産は、財産（資産）と借金（負債）を比較して負債の方が大きい場合にすることができます。そして、裁判所において免責許可決定がなされると、借金を支払わないといけないという責任から解放（免責）されることになります。

　Ａくんのお母さんの場合には資産もありませんし、浪費をしたなどの事情もありませんので、自己破産をすることは十分に可能で、免責許可決定がなされる可能性が高いと思われます。

　ただ、いわゆるブラックリストには載ってしまいますので、5〜10年間はお金を借りたり、クレジットカードを契約したりすることができないかもしれません。

　そのほかにも、債権者と交渉して返済額を調整する任意整理という方法や、債務を一部免除してもらいながら自宅を残すことができる個人再生という手続もあります。

　一刻も早く弁護士に相談することをお勧めします。

借金を整理する方法には何がある？

　借りたお金は返さなければなりませんが、どうしても返せなくなった場合には借金を整理しなければなりません。借金を整理する方法には、①任意整理、②個人再生、③自己破産があります。

　任意整理とは、債権者（お金を貸している側）と交渉して返済方法をリスケジュール（リスケ）する方法（例えば、毎月3万円の返済であった場合に、債権者と交渉して毎月1万円の返済に猶予してもらうことをいいます。つまり、リスケすることによって、総額60万円の借金を20回で支払っていたところ、60回払に変更してもらうことになります（なお、利息については考えないものとします））のことをいいます。

　任意整理は裁判所を介さない債務整理の方法ですが、個人再生と自己破産は裁判所を介する手続です。個人再生は借金（債務）を原則として5分の1に減額したうえで、減額された借金（債務）を3年から5年かけて弁済していく方法のことをいいます。また、自己破産は免責許可決定を得ることによって法的に借金（債務）を返済しなくてよくなる方法のことをいいます。

　もっとも、個人再生手続は事業または経済生活の再生を目的とする手続ですから、継続的な収入が必要となりますが、自己破産の場合には債務者の財産等の適正かつ公平な清算を図るとともに、債務者について経済生活の再生の機会の確保を図ることを目的としていますので、必ずしも継続的な収入を要するわけではありません。

　個人再生は住宅ローン特別条項を利用して自宅を残すことができますが、自己破産の場合には原則として自宅を残すことはできません。

　そして、個人再生手続には免責不許可事由はありませんが、自己破産には免責不許可事由が存在して、これに該当すると免責許可決定を得られなくなります。

事例　アルバイト先が自己破産！？

　ある日、Aくんがいつもどおりアルバイト先に出勤すると、店長から「うちのお店が自己破産することになったから今日で契約は終了する」と告げられました。
　Aくんは、店長に「私の今月分の給料はどうなるのですか」と聞きましたが、店長は「わからない」との回答を繰り返すのみでした。
　Aくんは今月分の給料をもらうことはできるのでしょうか？

結論

Aくんは今月分の給料を支払ってもらえる可能性があります。

解説

　自己破産とは、債務者自らが裁判所に対して破産手続開始を申し立てることをいいます。もっとも、いつでも自己破産ができるわけではなく、「支払不能」（債務者に借金を返済するだけの財産、能力がなく、裁判所に、この人は借金を返済することができないと、総合的、かつ客観的に認められた状態）と呼ばれる状態にないと破産手続開始は認められません（債務者が法人の場合には、「債務超過」も破産手続開始原因となります）。

　破産手続が開始されると、通常は、破産管財人が選任され、破産管財人が破産者（破産手続開始決定がなされると、「債務者」は「破産者」と呼ばれるようになります）の財産を管理し、換価処分していくことになります。

　ところで、労働債権者の保護を図るため、破産法上、破産手続開始決定前3か月分の給料の請求権については破産債権よりも優先的な取扱いを受ける「財団債権」とされています。したがって、破産財団（破産管財人が管理している破産者の財産）が十分ある場合には、Aくんのアルバイト料も財団債権として随時弁済してもらえるでしょう。もっとも、破産手続開始申立てが

遅れ、アルバイト料の支払が数か月滞ったままであった場合、財団債権として随時弁済を受けられるのは、あくまでも、破産手続開始決定前3か月分の給料ですから、それ以前の未払給料については、財団債権ではなく、「優先的破産債権」（財団債権と異なり、随時弁済を受けられず、配当手続【破産者の財産を債権者の優先順位や債権額に応じて分配する手続】によってのみ弁済を受けられ、配当手続の中では、一般の債権よりも優先的に弁済を受けられるもの）となる可能性があります。

　一方で、破産財団が潤沢にない場合には、随時弁済を受けることはできませんので、いくら財団債権といっても保護に欠けることになります。

　もっとも、Aくんの場合にはお店がまだ破産手続開始の申立てもしていない段階ですので、通常は、お店の代理人の弁護士が選任され、破産手続開始の申立ての準備をすることになると思われます。その際に、資金があれば労働債権については優先して弁済してもらえることが多いと思われます。しかしながら、その資金がなければ債務者（破産者）からアルバイト料の支払を受けることは困難になりますので、「未払賃金立替払制度」の利用など別の方法を考えないといけなくなってしまいます。

　Aくんとしては、お店の代理人の弁護士にアルバイト料を支払ってもらえるのかどうかきちんと確認することが必要になるでしょう。

10 「交通事故」をめぐる法律問題

事例　自転車事故の恐怖

　Aくん（大学2年次生）は、通学に自転車を使っています。
　ある日、Aくんは、大学の授業を終えて自宅へ帰ろうと、いつものように自転車を走らせていました。
　このとき、Aくんは、イヤホンを両耳につけ、スマートフォンで音楽を聴きながら自転車を走らせていました。
　Aくんは、好きな曲を聴くため、片手で自転車のハンドルを握りながら、もう一方の手でスマートフォンを操作しようとしました。そのため、前を歩いていた女性のBさんに気づかないまま、ぶつかってしまいました。
　Aくんには幸い怪我はありませんでしたが、Bさんはその場に転倒し、右手を骨折する怪我を負いました。
　Aくんの不注意で招いた事故で、前を歩いていただけのBさんに責められるような非はなく、Bさんにとっては災難としかいいようがありません。
　Aくんは、法律上どのような責任を負うことになるのでしょうか。

結論

Aくんは、
・民事上の責任（Bさんに対する損害賠償）
・刑事上の責任（刑事裁判にかけられ、懲役や罰金に処せられること）

・行政上の責任（違反切符を切られたり、安全講習を受けたりする必要があること）

を負う可能性があります。

解説

最近、自動車だけでなく、自転車同士の事故、自転車と歩行者の事故も増えてきています。

自転車もれっきとした「車両」です。交通事故を起こさないために守るべきルールがあります。具体的には、①自転車は車道走行が原則（歩道は例外）、②車道では左側通行、③歩道を走行する場合、歩行者優先で、車道寄りを徐行、④安全ルールを守る（飲酒運転、二人乗り、並進は禁止、夜間はライト点灯、信号を守るなど）、⑤子どもはヘルメット着用が基本ルールです。

自転車だからといって安易に乗り回すのは非常に危険です。自転車で人とぶつかれば、自分も相手も怪我をする危険があることを自覚しなければなりません。音楽を聴きながら、スマートフォンを操作しながらといった「ながら」運転をすることなど、もってのほかです。

Aくんは、不注意でBさんに怪我をさせていますので、不法行為に基づく損害賠償責任（民法709条）を負うことになります。Aくんは、Bさんの治療費や慰謝料、通院で仕事を休むなどした場合の補償（休業損害）などの支払をしなければなりません【民事上の責任】。

自転車事故といっても被害の大きさによっては数千万円の賠償金を支払うケースも稀ではありません。平成25年には、自転車事故で植物状態になった被害者に対して、加害者（当時小学生）の母親に約9500万円を支払うよう命じる判決が神戸地方裁判所で言い渡されています。

また、自転車運転中に歩行者に衝突した場合には、事故の態様や結果に応じて、過失傷害罪（刑法209条）や過失致死罪（刑法210条）、重過失致死傷罪（刑法211条）に問われることがあります【刑事上の責任】。

過失傷害罪や過失致死罪は罰金のみですが、重過失致死傷罪では罰金や懲役または禁錮のいずれかの刑に処せられます。

今回の事故で、不幸にもBさんが亡くなってしまった場合、Aくんは刑事

裁判にかけられ、刑務所に行くことになったかもしれません（刑罰については、「刑事裁判」の項目で詳しく説明します）。

　さらに、基本ルールを守らず、危険行為をした自転車の運転者には、警察官が指導・警告を発する場合があります。この指導・警告に従わなかった場合は自転車の運転者といえども交通違反切符が交付されます。この交通違反切符が3年間に2回以上交付された場合、安全講習の受講を命じられ、この受講命令に従わない場合には5万円以下の罰金に処せられます【行政上の責任】。

　最近、道路交通法も改正され、自転車の取り締まりも強化されました（84ページの豆知識参照）。自転車の運転には今まで以上に注意が必要です。

| 事例 | 飲んだら乗るな！！ |

　Aくん（大学3年次生）は、大学入学前に原付（原動機付自転車）の免許を取って、大学への通学にも原付を使っています。

　ある日、Aくんは大学近くの居酒屋で近くの女子大生らと合コンをしました。かわいい女の子もいてご機嫌のAくんは、いつもより多めにお酒を飲んでしまいました。

　Aくんは、大学の駐輪場に原付を置いていて、その日は電車で帰ろうと思っていましたが、つい「ちょっとの距離だからいいか」と思って、原付で自宅へ戻ろうとしました。

　その途中、Aくんはアルコールの勢いで気が大きくなっていたのか、正面の信号が赤だったにもかかわらず交差点に進入したところ、横断歩道を歩いていた歩行者と衝突し、歩行者は跳ね飛ばされて大怪我を負ってしまいました。

　怖くなったAくんは、怪我をした歩行者を救助せず、そのまま原付で走り去ってしまいました。

　明らかに飲酒運転をしてしまったAくんは、この後どのような責任を負うことになるのでしょうか。

結論

Aくんは
- 民事上の責任（歩行者に対する損害賠償）
- 刑事上の責任（刑事裁判にかけられ、懲役や罰金に処せられること）
- 行政上の責任（違反切符を切られたり、安全講習を受けたりする必要があること）

を負う可能性があります。

解説

「ちょっとの距離だからいいか」などと安易に考え、飲酒運転をして交通事故を起こすケースが後を絶ちません。我々は、飲酒運転をして事故を起こし刑事裁判の被告人となった人を弁護した経験がありますが、わずかな気の緩みから、被害者だけでなく、加害者も色々なものを失います。

今回、Aくんが、わざと赤信号を無視したのか（故意）、赤信号を見落としてしまったのか（過失）はわかりませんが、いずれにしても、誤った運転によって歩行者に大怪我を負わせていますので、歩行者に対して民事上の責任（損害賠償責任）を負います。

次に、刑事上の責任ですが、最近、危険な運転で人の命や身体を傷つけるなど悪質かつ重大な交通事故に対しては、「自動車の運転により人を死傷させる行為等の処罰に関する法律」により、厳しく処罰されるようになっています。

Aくんの酒酔い運転は、アルコールの影響により正常な運転が困難な状態で運転した行為、あるいは赤信号を殊更に無視し、かつ重大な交通の危険を生じさせる速度で運転する行為として、危険運転致傷罪に問われ、15年以下の懲役に処せられる可能性があります（同法2条1号、5号）。

また、アルコールの影響により走行中に正常な運転に支障が生じるおそれがある状態で自動車を走行させて、実際に正常な運転が困難な状態に陥り人を負傷させたとして、危険運転致傷罪に問われる可能性があり、12年以下

の懲役に処せられることがあります（同法3条1項）。

　危険運転致死傷罪に該当しない場合でも、自動車の運転上必要な注意を怠り、よって人を死傷させた場合には、過失運転致死傷罪として、7年以下の懲役もしくは禁錮または100万円以下の罰金に処せられる可能性があります（同法5条）。

　さらに、Aくんは、道路交通法の酒酔い運転・酒気帯び運転違反として、酒酔いの場合5年以下の懲役または100万円以下の罰金、酒気帯びの場合3年以下の懲役または50万円以下の罰金に処せられる可能性があります（同法117条の2第1号、117条の2の2第3号）。

　そして、Aくんは、被害者を救助せずに逃げていますので、救護義務や危険防止措置義務に違反したとして、道路交通法117条2項により、10年以下の懲役または100万円以下の罰金に処せられる可能性があります（これらは、併わせて、重い罪の1.5倍の刑の範囲で処せられることになります）。

　行政上の責任として、交通事故や交通違反をした場合には、その程度に応じて一定の点数をつけ、その合計点数により免許の取消しや停止という行政処分が行われます。

　行政処分は刑罰ではありませんが、刑罰同様にかなり厳しい制裁処分です。

　免許取消しや停止の処分は公安委員会が行政機関として行政上の目的から行うものであり、国が刑罰権の行使として問う刑事上の責任とは性質が異なります。

　以上からも明らかなように、事故を起こしてしまった後で後悔しても遅いのです。「飲んだら乗るな」、「飲むなら乗るな」を必ず守るようにしてください。

事故現場から逃げれば罪が軽くなる?

　飲酒運転をして交通事故を起こしてしまったときに、重大な責任を負うことにおののき、事故現場から逃走して、アルコールが抜けるのを待ったり、反対に後でアルコールを飲んだりして、事故当時にアルコールを飲んでいなかったことにしようとした場合、その人はどうなるでしょうか?

　交通事故を起こしてしまっても、発生後に救護義務を果たし、救急車を呼ぶなどの措置を講じていれば、命が助かる可能性は高くなります。

　そこで、前述した自動車の運転により人を死傷させる行為等の処罰に関する法律は、4条(※)において、アルコールの発覚を免れようとする行為等についても12年以下の懲役を科すこととして過失運転致死傷アルコール等影響発覚免脱罪を規定しています。

　事故現場から逃げても罪が軽くなるということはなく、むしろその逆だということです。

※4条　アルコール又は薬物の影響により、その走行中に正常な運転に支障が生じるおそれがある状態で自動車を運転した者が、運転上必要な注意を怠り、よって人を死傷させた場合において、その運転の時のアルコール又は薬物の影響の有無又は程度が発覚することを免れる目的で、更にアルコール又は薬物を摂取すること、その場を離れて身体に保有するアルコール又は薬物の濃度を減少させることその他その影響の有無又は程度が発覚することを免れるべき行為をしたときは、12年以下の懲役に処する。

交通事故の件数

【全国の交通事故発生件数・死者数・負傷者数（平成27年1月～10月）】

平成27年は、全国で毎月4万件以上の交通事故が発生し、交通事故による死者は毎月300人前後、負傷者も毎月5万人を超えています。

表1　平成27年中の月別交通事故発生状況（発生件数及び負傷者数は概数）

区分 月別	発生件数	1日平均	増減数	増減率	死者数	1日平均	増減数	増減率	負傷者数	1日平均	増減数	増減率
1月	43,885	1,416	-2,782	-6.0	346	11.2	-9	-2.5	54,177	1,748	-3,702	-6.4
2月	42,027	1,501	-909	-2.1	308	11.0	1	0.3	51,208	1,829	-1,405	-2.7
3月	47,850	1,544	-2,170	-4.3	317	10.2	6	1.9	58,984	1,903	-2,752	-4.5
4月	44,683	1,489	-2,135	-4.6	320	10.7	7	2.2	55,243	1,841	-2,710	-4.7
5月	42,044	1,356	-3,622	-7.9	315	10.2	-7	-2.2	52,695	1,700	-3,786	-6.7
6月	42,470	1,416	-3,014	-6.6	287	9.6	-30	-9.5	52,207	1,740	-3,787	-6.8
7月	44,836	1,446	-3,559	-7.4	333	10.7	8	2.5	55,742	1,798	-4,246	-7.1
8月	43,249	1,395	-3,474	-7.4	340	11.0	39	13.0	55,629	1,794	-4,175	-7.0
9月	42,213	1,407	-4,389	-9.4	339	11.3	-6	-1.7	53,042	1,768	-4,967	-8.6
10月	47,184	1,522	-2,840	-5.7	391	12.6	-9	-2.3	58,059	1,873	-3,481	-5.7
合計	440,441	1,449	-28,894	-6.2	3,296	10.8	0	0.0	546,986	1,799	-35,044	-6.0

注1　増減数（率）は、前年同期と比較した値である。
　2　交通事故日報による集計の速報値である。

（出典）「交通事故統計（平成27年10月末）」警察庁交通局交通企画課

事故件数、負傷者数は減少しましたが、死者数は増加しています。平成27年の死者数は196人で、平成26年と比較して53人（+37.1％）増加しました。

【大阪府下交通事故発生状況（平成26年、平成27年）】

区分／年	平成27年	平成26年	前年対比（増減率）
件　数	40,535	42,729	-2,194（-5.1）
死者数	196	143	+53（+37.1）
負傷者数 （重傷者数）	48,392 (2,891)	51,501 (2,910)	-3,109（-6.0） -19（-0.7）

（出典）大阪府警察ホームページ

年齢層別では、16歳から24歳が24人（12.2％）で、平成26年と比較して18人増加しています。

【大阪府下年齢層別死者数（平成26年、平成27年）】

年齢／年	平成27年（構成率）	平成26年（構成率）	前年対比（増減率）
15歳以下	7（3.6）	4（2.8）	+3（+75.0）
16から24歳	24（12.2）	6（4.2）	+18（+300.0）
25から34歳	14（7.1）	11（7.7）	+3（+27.3）
35から44歳	28（14.3）	15（10.5）	+13（+86.7）
45から54歳	24（12.2）	12（8.4）	+12（+100.0）
55から64歳	21（10.7）	20（14.0）	+1（+5.0）
65歳以上	78（39.8）	75（52.4）	+3（+4.0）
合　　計	196（100.0）	143（100.0）	+53（+37.1）

（出典）大阪府警察ホームページ

 ## 改正道路交通法について

　近年社会問題となっている自転車の交通違反による事故に対応するため、自転車の取り締まりが強化されています（H27年6月1日施行【自転車の取り締まり強化】）。
　あなたが以下の①から⑭までの危険行為を行い、2回以上摘発された場合、公安委員会の命令により指定された期間内に自転車運転者講習を受けなければなりません（道路交通法108条の3の4）。この講習では、自分の自転車運転の危険性を自覚させ、自主的に安全運転を行うよう促すものです。講習手数料として5700円の支払が義務付けられます。この受講命令に従わなかった場合、5万円以下の罰金に処せられることになります（同法120条1項17号）。

① 信号の指示を無視すること
② 道路標識などで通行が禁止されている場所を通ること
③ 歩道を徐行せずに通ること
④ 自転車専用レーンの枠外を通ること
⑤ 歩道がない道で歩行者の通行を妨害すること
⑥ 遮断機が下りた踏切への進入
⑦ 交差点で優先されている車両の通行を妨害すること
⑧ 交差点での右折車妨害等
⑨ 右回り通行が指定されている交差点で流れにさからうこと等
⑩ 一時停止違反
⑪ 歩道で歩行者の通行を妨げること
⑫ ブレーキが利かない自転車の運転
⑬ 酒気帯びでの自転車の運転
⑭ 前方不注意などの安全運転義務違反（道路交通法施行令41条の3参照）

自動車事故と保険

【自賠責保険は強制加入！】

　不可避的に発生し得る交通事故から被害者を保護するため、自動車を運転する場合、自動車損害賠償責任保険（自賠責保険）契約の締結が法律上義務付けられています。このように法律で加入が強制されている自賠責保険を強制保険といいます。

　被保険者である運転者（運行供用者と呼ばれます）に、本文のような民事上の損害賠償責任が発生した場合、自賠責保険会社が保険金を支払ったり（自賠法15条）、被害者が自賠責保険会社に請求したりすることにより自賠責保険会社が一定の保険金額の限度で損害賠償の支払に応ずることになります（自賠法16条）。

【任意保険で手厚くカバー】

　もっとも、自賠責保険は、他人の生命や身体を害したことによる損害（人損）を対象とするものであり、自動車の損壊による損害等（物損）は対象とされていません。また、自賠責保険の限度額内の支払では、損害を賄いきれないことも少なくありません（死亡につき3000万円、後遺障害につき75万円ないし4000万円、傷害につき120万円（自賠法13条））。

　このような理由から、自動車の所有者などの大半は、自賠責保険に加えて、自家用自動車総合保険（任意保険）契約を締結しています。

　任意保険を選ぶ際には、保険会社によってその内容が違いますから、どのような特約があるのか確認するべきでしょう。

【弁護士費用特約とは！？】

　保険に加入していれば、事故の際には自分の保険会社の担当者が相手方と示談交渉にあたってくれます。でも、全ての事故で保険会社が示談交渉してくれるわけではありません。例えば、あなたには何の非もないのに信号待ちで停車中に追突された場合、あなたは保険会社を使って示談交渉をすることができず、あなたが直接加害者側（加害者本人や保険会社）と話をすることになるかもしれません。

　加害者が誠意ある姿勢を見せ、納得いく賠償金額を提示してくれれば問題はないのですが、中には非を認めず示談を進めない場合や、相手の保険会社が損害の一部を認めてくれないといった困った状況になることもあります。

　このような場合に備えて、任意保険に弁護士費用特約を付けることができます。弁護士や司法書士などへの報酬や訴訟に要する費用を、約300万円を限度に支払ってくれるという内容がほとんどです。

　さまざまな事件を経験し、交渉に長けている弁護士に依頼することで、損害額や慰謝料額が大幅にアップする事例も多く、身体的・精神的に負担の大きな交通事故において少しでも負担を減らす一つの方法といえるでしょう。

11 「刑事裁判」の仕組み

刑事裁判について

　「被告人は無罪！」、「被告人を懲役5年に処す！」
　皆さん方の中には、このような言葉をテレビドラマで聞いたことがあるかもしれません。しかし、実際の法廷において、被告人として聞いたことがある方はいないと思います。
　刑事裁判は、対象とされている人が、犯罪を行ったか否か、もし行ったとするならば、どのような刑罰が妥当かを判断するものです。
　大学生になれば、行動範囲や交友範囲が広がることによって、周囲の人とトラブルになることもあるかと思います。その結果、加害者もしくは被害者として、警察に事情を聴かれるという事態も出てくるかと思います。
　また、トラブルを起こそうと思っていなくても、自身の不注意によって、犯罪者になってしまうこともあり得ます。例えば、大学生になると自動車の運転免許を取る方もいるかと思いますが、不注意で事故を起こしてしまい、人を傷つけてしまえば、刑事裁判にかけられることもあります。
　さらに、最近導入された制度で裁判員裁判というものがあります。この制度では、皆さんが、裁かれる側ではなく、裁く側で刑事裁判に参加することになります。もっとも、どのような制度なのかを理解されている方は少ないと思いますので、ここでは、裁判員裁判制度も紹介しておきます。
　このように、刑事裁判は、大学生であっても関わる可能性がありますし、将来関わる可能性もあります。今からどのような仕組みとなっているかを知っていても決して損はないと思いますので、一緒に勉強してみましょう。

| 事例 | **ある日突然逮捕されたら** |

　Aくん（大学3年次生〔21歳〕）は、男女間のトラブルによって、付き合っていた彼女を殴り、全治2か月の骨折を負わせたとして、彼女から警察に被害届が提出されたようで、その日のうちに逮捕されてしまいました。
　Aくんは、今後どのようになっていくのでしょうか。
　また、Aくんは、手が偶然彼女に当たっただけで、殴っていないと思っているのですが、取調べに対してどのように臨むべきかもわからず、不安です。刑事さんも怖いし、このままだと罪を認めてしまいそうです。どうしたらよいでしょうか。

結 論

　Aくんは、逮捕・勾留された後、刑事裁判にかけられる可能性があります。
　Aくんには、黙秘権、調書の記載の訂正を要求し、調書への署名押印を拒否する権利があります。また、Aくんには、弁護士を選任する権利がありますので、弁護士と相談しながら、取調べに臨むべきでしょう。

解 説

　罪を犯したと疑われる人は、一定の要件のもとで、逮捕されることがあります。逮捕された場合、最大で72時間、警察署などで身体を拘束され、取調べを受けることになります。
　逮捕されてから72時間のうちに、釈放されることもありますが、場合によってはさらに身体拘束が続くことがあります。これを「勾留」といいます。
　勾留された場合は10日間警察署などで身体を拘束され、さらに、10日間勾留期間が延長されることもあります。一定の重大犯罪においては、さらに

勾留期間が延びることもあります。

　被疑者を逮捕・勾留している間に、検察官は、被疑者を刑事裁判にかけるのが相当か否かを決定します。

　このような捜査を受ける者には、さまざまな権利が認められています。

　まず、黙秘権があります。これは言いたくないことは黙っていてもよい権利です。極端な話、「昨日の晩ご飯は何か」といった世間話であったとしても、答える必要はありません。

　また、取調べを受けた後に調書を作成しますが、時には、捜査官にとって有利になるように調書が作成されていることもあります。このようなとき、ニュアンスが違うと思えば、それを訂正するように要求することもできますし、場合によっては署名押印を拒否することもできます。

　このような権利があるとはいえ、Ａくんが一人で捜査機関と戦うことは容易ではありません。場合によっては、本当はしてもいない事件について自白してしまうこともあるかもしれません。そのようなときに味方になってくれるのが弁護士です。Ａくんは、弁護士を選任する権利も有しています。

　弁護士の知り合いがいないという方も、1回のみ無料で、弁護士会が所属の弁護士を派遣してくれる制度（当番弁護士制度）があり、派遣された弁護士に、今後の手続の流れや自分自身の権利、取調べを受ける際の注意点の説明および周囲への連絡あるいは弁護人への就任をお願いすることもできます。

　また、実際に弁護士を選任する段階となって、自分自身の費用で弁護士を選任できない方もいます。このような場合、対象事件の制限はありますが、お金がない人も国の費用で弁護士を選任することができる制度もあります。

　弁護士が選任されれば、手続についての説明を受けることができることはもちろん、捜査機関に身体の拘束を解くよう働きかけを行うこともありますし、被害者と示談交渉をすることもあります。このような示談がなされることによって、刑事裁判にかけられることを回避できる可能性もあります。

　もし、皆さんが、警察に逮捕されるようなことがあれば、すぐに弁護士を呼んで相談する権利があるということを覚えておいてください。

　なお、身体拘束されないまま在宅事件として捜査が進む場合もあります。この場合でも、弁護士のアドバイスを受けるのは大変有益です。

> **事例** 起訴され、裁判にかけられて…
>
> 取調べを受けた結果、最終的にAくんは起訴され、刑事裁判にかけられることとなったようです。Aくんは起訴されてしまえばもう有罪が確定なのでしょうか。刑務所に行かなければならないのでしょうか。刑事裁判の仕組みについて教えてください。

結 論

起訴されたからといって有罪が確定するということではありません。

また、Aくんは、有罪となって懲役に処せられた場合でも、執行猶予付きの判決であれば刑務所に行く必要はありません。

解 説

刑事裁判では、裁判にかけられた対象者が当該犯罪を実際に行ったかどうか、犯罪を行っているとすればどの程度の刑が相当かを、提出された証拠に基づいて、裁判官が判断することとなります。

裁判の結果、その人が対象の犯罪を行ったことが証明されれば、有罪ということとなりますが、有罪が決まるまでの間は、無罪であることが推定されており、犯罪があると追及する側（検察官といいます）が、積極的に犯罪事実があることを立証しなければならないのです。

また、裁く側である裁判所も検察官の立証が成功しているかどうかを提出された証拠に基づいて厳密に判断しなければならないという重い責任が課せられています。裁判官は、「この人は何か怪しいから」、「不自然だから」といったあいまいな理由で有罪とすることはできないのです。

裁判の結果、有罪となり、懲役（刑罰の種類については、後述の豆知識で紹介します）に処せられた場合、刑務所に収容されることとなります。

Aくんの行為は、傷害罪（刑法204条）にあたる可能性のある行為であり、有罪となれば15年以下の懲役または50万円以下の罰金に処せられる可能性があります。懲役に処せられれば、刑務所に行かなければなりませんが、執行猶予付き判決であれば、刑務所に行く必要はなく、社会内で更生の機会が与えられることとなります。

# 刑罰の種類

　刑罰の種類については、刑法において、以下の6つの刑（死刑、懲役、禁錮、罰金、拘留、科料）が主な刑として定められています。
　なお、これに加えて、付加刑（上記6つの刑に付加する刑）として、没収という刑もあります（例えば、犯罪に使用された凶器や覚せい剤を没収するなどのケースがあります）。

死刑：文字通り、犯罪者の生命を奪うことによる刑罰です。その方法は絞首刑によるものとされています。

懲役：刑事施設に収容し、身体を拘束して身体の自由を奪う刑罰です。身体拘束中には所定の作業が科されることになります。

禁錮：懲役と同様に、刑事施設に収容し、身体を拘束して身体の自由を奪う刑罰です。所定の作業が科されない点で懲役と異なります。

罰金：一定額の財産（金銭）を徴収する刑罰です。罰金を支払うことができない場合には、労役場に留置する処分がされる可能性があります。この労役場留置というのは、身体を拘束して、一定の作業に従事させ、その作業を金銭に換算し（1日あたり◯円という形で定められます）、罰金を支払わせるという処分です。

拘留：懲役や禁錮と同様に、身体拘束して身体の自由を奪う刑罰です。1日以上30日未満という比較的短期間身体を拘束するという点が、懲役や禁錮と異なります。

科料：一定額の財産（金銭）を徴収する刑罰です。罰金が比較的高額の金銭を徴収するのに対して、科料は比較的高額でない金銭を徴収するものであるという違いがあります。支払がなされない場合には、罰金と同様に労役場留置の処分がされる可能性があります。

執行猶予付き判決とは

「主文　被告人を懲役1年6か月に処する。ただし、この裁判が確定した日から3年間その刑の執行を猶予する」

例えば、懲役に処せられた場合でも、その刑の執行を猶予する判決がされることがあり、これを「執行猶予付き判決」といいます。

対象となる刑罰は、懲役に限らず、禁錮や罰金にも刑の執行が猶予されることがあり得ます。

執行猶予付き判決がなされた場合には、懲役や禁錮であれば、刑務所に行くことなく、社会内で再チャレンジする機会を与えられます。また、新たな犯罪をすることなく猶予期間を満了すれば、科せられた刑に服する必要もなくなります。

ただし、執行猶予付き判決を受けると生活上注意が必要となります。

というのも、執行猶予期間中に新たに罪を犯して、刑事裁判で再度有罪判決を受けてしまうと、執行猶予付き判決が取り消されます（厳密にいえば、法律上取り消されない可能性もありますが、取り消されることが原則と思っておいた方がよいでしょう）。

その結果、新たな犯罪の刑期と執行が猶予されていた刑期がプラスされて刑務所に行かなければならなくなり、相当長期間の刑に服することとなります。しかも、再度執行猶予付きの判決を言い渡すためには厳しい要件が定められており、再度執行猶予付きの判決を受けることは難しくなります。

なお、一定の試験（国家試験など）では、執行猶予期間中、受験資格や資格の登録について欠格事由となっているものがあります。

また、執行猶予期間が満了したとしても、再度犯罪を行えば、初犯の人と比べて執行猶予付きの判決を受けることは難しくなる場合が多いので、この点でも社会生活上の注意が必要となります。

事例｜少年事件

刑事裁判と同様の事例において、Aくんが大学1年次生で、年齢が18歳であった場合には、どのように手続が進んでいくのでしょうか。

結論

Aくんは、20歳未満の少年であるため、少年事件として手続が進んでいくことになります。その手続は、少年事件の特性に従って、成年事件とは異なっています。

解説

罪を犯した14歳以上20歳未満の少年については、少年法の対象となります。少年法は、少年に対する健全な育成という目的があるため、罪を犯した者の刑罰を科す成年の刑事事件とは異なる手続によって進行していくことになります。

少年事件の手続の特殊性を全て紹介することはできませんが、次のような点が、成年の刑事事件と大きく異なるところです。

捜査段階では、身体拘束について特則がありますが、それ以外については、先に紹介した成年の刑事事件と手続が大きく変わることはありません。

しかし、捜査が終わる段階では、犯罪の疑いがあるとされた事件については、全て家庭裁判所に事件が送られます（全件送致主義）。成年の刑事事件においては、犯罪が成立するけれども起訴をしないという処分が可能ですが、少年事件ではそのような処分はありません。

次に、家庭裁判所に事件が送られてからも手続が異なります。例えば、身体が拘束されている場合には、少年鑑別所において身体の拘束がなされます。少年鑑別所においては、心身の状況を判断するためにさまざまな鑑別や家庭

裁判所調査官による調査などが行われ、犯罪事実だけでなく、少年が今後どうすれば更生していけるのか、その可能性を探ることとなります。
　その後、家庭裁判所において、審判され、審判不開始、不処分、保護観察、児童自立支援施設・児童養護施設への送致、少年院への送致、検察官への送致が決められます。

事例　裁判員裁判

　Aくん（大学3年次生）は、ある日、大学から帰宅すると、裁判所から通知が届いていることに気づきました。その通知を開けてみると、「裁判員候補者名簿に登載されました」と記載された文書が入っていました。

　裁判員裁判という言葉は聞いたことがありますが、どのような制度でしょうか。

　この通知が届いたということは、Aくんは、必ず裁判員裁判に参加しないといけないということでしょうか。

結論

　裁判員裁判は、一定の重大犯罪における刑事裁判において、国民が裁判官と一緒になって、有罪か無罪か、有罪であるならばどの程度の刑を科すべきかを決める制度のことをいいます。

　裁判員候補者名簿に登載されただけであれば、まだ裁判員裁判に参加することは決まっていませんし、一定の辞退事由があれば参加しないこともできます。学生は辞退事由となっていますので、Aくんは辞退することが可能です。

解説

　裁判員裁判は、一定の重大犯罪における刑事裁判において、国民が裁判官と一緒になって、被告人が有罪か無罪か、有罪であるならばどの程度の刑を科すべきかを決める制度のことをいいます。司法に国民が参加することで、国民の一般的な常識を刑事裁判に反映させること、国民に司法の役割を理解してもらうこと、司法への信頼を増進させることなどを目的として、平成21（2009）年5月から実施されています。

裁判員裁判参加者の選ばれ方は、説明すると次のようになります。

　まず、選挙権を有している人を対象にして、くじによって、毎年裁判員の候補者となる人を選び、名簿を作成します。この名簿に登載された方には通知が行きますが、この段階では、裁判員裁判に参加することが決まったわけではありません。この通知の際、辞退事由がないかが確認され、特になければそのまま名簿に登載されます。

　名簿に登載された中から、裁判員裁判対象事件が起訴されるたびに、くじで候補者が選ばれることになりますが、その段階でも裁判員裁判に参加することが決まったわけではありません。さらに、その候補者の中から裁判所での選任手続を経て、最終的に選ばれた方が裁判員裁判に参加することになるのです。

　したがって、事例のように、裁判員候補者名簿に登載されただけでは、裁判員裁判に必ず参加することが決まったというわけではなく、さらに、複数の選任手続を経て、初めて参加することが決まるというわけです。

　次に、裁判員候補者に選ばれた場合には、必ず参加しなければならないのでしょうか。

　これについては、一定の裁判員への就職禁止事由がある方については、裁判員になることができません。例えば、公務員の方がこれにあたります。また、就職禁止事由がない場合でも、一定の場合には、裁判員を辞退することができます。その一例としては、学生がこれにあたりますので、裁判員候補者名簿に登載されたとの通知が来た段階で、名簿登載期間中、学生であることが明らかであれば、辞退することも可能です。

　また、裁判員裁判対象事件ごとの呼び出しがあった時点で、学生であることを理由に辞退することも可能となります。

　もちろん辞退事由にあたったとしても、辞退しないことは自由ですから、裁判員裁判に参加することも可能となります。

　なお、裁判員の選任方法については、次ページの図（裁判員として選任されるまで）も参照してください。

裁判員として選任されるまで

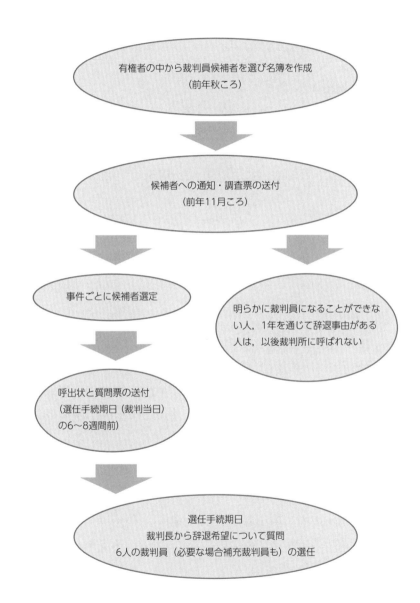

12 「政治活動」をめぐる法律問題

政治活動の自由

　政治活動の自由は、政治的表現として憲法21条1項により保障されています。

　しかしながら、選挙の公正、候補者間の平等を確保するため、政治的表現の自由である選挙運動であっても公職選挙法によって一定の制限がなされています。

　例えば、現行の公職選挙法では、選挙運動期間中に行われる文書図画の頒布・掲示その他の選挙運動について一定の規制を行っています。

　そして、改正公職選挙法により、インターネット等を利用した選挙運動のうち一定のものが解禁されることとなりましたが、今までどおりの規制もありますので、注意が必要です。

事例　選挙運動は自由じゃないの！？

　Aくんが応援する国会議員Cは、前回の衆議院選挙で落選しましたが、次回衆議院選挙に立候補する旨を自身の後援会にて表明しました。

　そこで、Aくんは、少しでも早く選挙運動をすれば、Cの当選の可能性が高まると考えて、選挙の公示がなされる前から、Cが立候補した場合に投票をお願いする旨をSNSなどで拡散しようとしました。Aくんの選挙運動に何か問題があるでしょうか？

結論

Aくんの選挙運動は公職選挙法に違反します。

解説

Aくんの行為は選挙運動[※1]にあたります。選挙運動は、選挙の公示・告示日から選挙期日の前日までしかすることができません（公職選挙法129条）。

違反した場合、1年以下の禁錮または30万円以下の罰金に処せられる可能性があります（同法239条1項1号）。

また、選挙権および被選挙権が停止される可能性もあります（同法252条1項、2項）。

※1【選挙運動とは】
選挙運動とは、「特定の選挙について、特定の候補者の当選を目的として、投票を得又は得させるために直接又は間接に必要かつ有利な行為」とされています。

事例　選挙ビラを配布することは自由！？

Aくんは、公職選挙法改正によってインターネットを利用した選挙運動が認められることになったことを知り、Aくんが応援する元国会議員である候補者Cのウェブサイトを自身のSNSを利用して拡散し、当該ページを印刷したチラシを友人に配布しました。
Aくんの選挙運動は許される行為でしょうか？

結論

Aくんの選挙運動は公職選挙法に違反します。

解説

選挙運動のために使用する文書図画(※2)は、インターネット等を利用する方法により頒布する場合を除き、公職選挙法142条に規定された一定のもののほかは、頒布することができません。

したがって、ウェブサイト等に掲載され、または電子メールにより送信された文書図画であっても、それを紙に印刷して頒布することはできません。

違反した場合、2年以下の禁錮または50万円以下の罰金に処せられる可能性があります（同法第243条1項3号）。

また、選挙権および被選挙権が停止される可能性もあります（同法252条1項、2項）。

※2【文書図画とは】
　公職選挙法における文書図画とは、文字もしくはこれに代わるべき符号または象形を用いて物体の上に多少永続的に記載された意識の表示をいい、その記載が象形による場合を図画といい、文字またはこれに代わるべき符号による場合を文書というものとされています。判例上、コンピュータのディスプレイ上に現れた文字等の表示も、公職選挙法上「文書図画」と解されています。

事例　**インターネットを利用した選挙運動は自由!?**

　Aくんは、Aくんが応援する元国会議員である候補者Cを当選させるために、デモ活動等で仲良くなった数人の友人にCに投票して欲しい旨のメールを送りました。
　また、Aくんは、SNSをしている友人に対して、SNSを通じてCに投票して欲しい旨のお願いをしました。
　Aくんの選挙運動は許される行為でしょうか？

> 結 論

Aくんの友人にメールを送った選挙運動は公職選挙法に違反します。

> 解 説

　公職選挙法の改正により、誰でもウェブサイト等を利用する方法で選挙運動を行うことができるようになりましたが、ウェブサイト等を利用する方法とは、インターネット等を利用する方法のうち、電子メールを利用する方法 (※3) を除いたものをいいますので、Aくんの友人にメールを送った選挙運動は公職選挙法に違反します。

　違反した者は、2年以下の禁錮または50万円以下の罰金に処することとされており（同法243条1項3号）、選挙権および被選挙権が停止されます（同法252条1項、2項）。

　具体的には、ウェブサイト、ブログ、SNS（フェイスブック、ツイッターなど）、動画共有サービス（YouTube、ニコニコ動画など）、動画中継サイト（Ustream、ニコニコ動画の生放送など）等は許されますが、電子メールは許されません。

　しかし、フェイスブックやLINEなどのユーザー間でやりとりするメッセージ機能は、「電子メール」ではなく、「ウェブサイト等」に該当しますので、一般有権者も選挙運動を行うことが許されます。ややこしいですね…。

　そして、ウェブサイト等には、電子メールアドレス等 (※4) を表示することが義務づけられています（改正公職選挙法142条の3第3項、142条の5第1項）。

※3【電子メールを利用する方法とは】
　　特定電子メールの適正化等に関する法律2条1号に規定する方法をいいます。その全部または一部にシンプル・メール・トランスファー・プロトコルが用いられる通信方式（SMTP方式）と、電話番号を送受信のために用いて情報を伝達する通信方式（電話番号方式）の二つが定められています。

※4【電子メールアドレス等とは】
　　電子メールアドレスその他のインターネット等を利用する方法によりその者に連絡

をする際に必要となる情報をいいます。

具体的には、電子メールアドレスのほか、返信用フォームのURL、ツイッターのユーザー名が挙げられ、その者に直接連絡が取れるものである必要があります。

2ちゃんねる等の掲示板に書き込む際に名乗るニックネームであるハンドルネームのみの記載では認められませんが、そこに張られたリンク先のウェブサイトに連絡先情報が記載されている場合には、表示義務を果たしていると考えられます。

候補者・政党等だけは電子メールを利用して選挙運動をしてもいい！？

　候補者・政党等は、一定のメールアドレスに対して、電子メールを利用する方法で選挙運動用文書図画を頒布することができます（改正公職選挙法142条の4第1項）。

　送信主体を候補者・政党等に限るのみならず、送信先についても一定の制限がされているのは、選挙運動用電子メールが無秩序に送信され、受信者の日常生活に支障を及ぼしたり、想定していない通信費の負担につながったりする場合等、電子メールを受信したくない有権者もいると考えられるからです。

　具体的には、事前に選挙運動用電子メールの送信の求め・同意を選挙運動用電子メール送信者に通知した人や、候補者等の政治活動用電子メールを継続的に受信している者の当該メールアドレスに限られています（同法142条の4第2項）。

　そして、選挙運動用電子メール送信者は、選挙運動用電子メールの送信をしないように求める旨の通知（受信を拒否する旨のメール等）を受けたときは、当該電子メールアドレスに選挙運動用電子メールを送信することはできません（同法142条の4第5項）。

| 事例 | 嘘の情報は罪になる！？ |

　Aくんは、応援する元国会議員である候補者Cを当選させるために、Cと同選挙区の候補者Dが国会議員在職中に賄賂を受け取ったとの虚偽情報を自身のブログに記載しました。
　ただ、自身のブログに記載するのが怖くなったので、新しいアカウントを作成し、弁護士Bという名前で、選挙運動をしました。
　Aくんの行為に何らかの犯罪が成立するのでしょうか？

結論

　Aくんの各行為には、虚偽事項公表罪、氏名等の虚偽表示罪が成立します。

解説

【虚偽事項公表罪】

　Aくんの行為は、当選させない目的をもって公職の候補者に関し虚偽の事実を公にし、または事実をゆがめて公にした場合になりますので、Aくんは、4年以下の懲役もしくは禁錮または100万円以下の罰金に処せられる可能性があります（公職選挙法235条2項）。また、選挙権および被選挙権が停止される可能性もあります（同法252条1項、2項）。

【氏名等の虚偽表示罪】

　Aくんの行為は、当選させない目的をもって、真実に反する氏名、名称または身分を表示してインターネット等を利用する方法により通信をした場合になりますので、Aくんは、2年以下の禁錮または30万円以下の罰金に処せられる可能性があります（改正公職選挙法235条の5）。また、選挙権および被選挙権が停止される可能性があります（同法252条1項、2項）。

| 事例 | **名誉棄損罪が成立する！？** |

　Aくんは、嫌いな国会議員である候補者Dに愛人がいるとの噂話を聞き、Dを徹底的に調査することにしました。
　そして、Aくんの緻密な調査の結果、驚くべきことに、同じサークルのBさんがDの愛人であることが発覚しました。
　そこで、Aくんは、自身のブログにおいて、妻子あるDに大学生の愛人がいることを記載したのですが、Aくんの行為に何らかの犯罪が成立するのでしょうか？

結論

真実であることの証明があったときは犯罪になりません。

解説

　公職の候補者に関する事実に係る場合、真実であることの証明があったときは罰せられません（刑法230条の2第3項）。公職の候補者に関する事実であれば、公共の利害に関する事実ですから、公益目的の有無にかかわらず、真実であれば、処罰しないこととしたのです。
（「インターネット」をめぐる法律問題「事例　名誉の侵害に気をつけて！」参照）

| 事例 | ハッカーと同罪になる！？ |

　Ａくんは、憎くて仕方のない国会議員である候補者Ｄを落選させるために、友人のハッカーに5万円を支払う旨の約束をして、Ｄのウェブサイトに侵入してウェブサイトを全て抹消してもらいました。
　数日後、友人のハッカーが逮捕されたとの報道を見て、Ａくんは自宅でガクガクと震えています。
　Ａくんの行為にどのような犯罪が成立するのでしょうか？

結論

　Ａくんと友人のハッカーの行為に、選挙の自由妨害罪等が成立します。

解説

【選挙の自由妨害罪】
　Ａくんと友人のハッカーの行為は、候補者のウェブサイトの改ざん等、選挙に関し、文書図画を毀棄し、その他不正の方法をもって選挙の自由を妨害したといえるので、選挙の自由妨害罪が成立し、Ａくんと友人のハッカーは、4年以下の懲役もしくは禁錮または100万円以下の罰金（公職選挙法225条2号）に処せられる可能性があります。
　なお、Ａくんは、友人のハッカーに頼んでいただけかもしれませんが、Ａくんの発案で、Ａくんが友人のハッカーに報酬を渡す約束をしている以上、Ａくん自らの犯罪といえますので、同罪の共謀共同正犯となります。
　そして、両者には選挙権および被選挙権が停止される可能性があります（同法252条1項、2項）。

【不正アクセス罪】

　友人のハッカーが、他人のID・パスワードを悪用するなどの方法により、本来アクセスする権限のないコンピュータを利用したといえる場合は、不正アクセス罪が成立し、Aくんと友人のハッカーは、3年以下の懲役または100万円以下の罰金に処せられる可能性があります（不正アクセス行為の禁止等に関する法律3条、11条）。

【電子計算機損壊等業務妨害罪】

　友人のハッカーが、ウィルスの頒布やDoS攻撃[※5]などにより、コンピュータに使用目的に沿うべき動作をさせず、または使用目的に反する動作をさせて、人の業務を妨害した場合は、電子計算機損壊等業務妨害罪が成立し、Aくんと友人のハッカーは、5年以下の懲役または100万円以下の罰金に処せられる可能性があります（刑法234条の2）。

※5【DoS（Denial of Service）攻撃とは】
　コンピュータに不正なデータを送信して使用不能にしたり、トラフィックを増大させてネットワークを麻痺させたりする攻撃です。

裁判官・検察官・弁護士になるためには?

「法科大学院を中核とした法曹養成制度」

　司法制度改革により、平成16(2004)年から、法科大学院を中核とした法曹(裁判官・検察官・弁護士の三者をまとめて「法曹」といいます)養成制度がスタートし、司法試験の受験資格を得るためには、原則として、法科大学院で法曹としての専門教育を2年間ないし3年間受け、これを修了しなければならないことになりました。

　もっとも、経済的・時間的理由から法科大学院に通うことが困難な人に対して、法曹になる道を閉ざすことはできませんので、平成23年から、予備試験に合格すれば、法科大学院を修了しなくとも、司法試験の受験資格を付与されることになっています。

　そして、司法試験に合格後、1年間の司法修習を受け、修了すれば、法曹資格が与えられます。

「法科大学院ってどんなところ?」

　法科大学院とは、法曹に必要な学識及び能力を培うことを目的とする専門職大学院をいいます。法科大学院を修了すれば、司法試験の受験資格を得ることができます。

　法科大学院では、法曹養成の観点から、講義等の法律学だけでなく、法曹倫理や模擬裁判、リーガルクリニックなどの実務科目も多くあります。

　原則として、法科大学院の修業年限は3年ですが、法学既修者に

ついては2年制の短縮コースが設けられています。
　設立当初は、授業料等が高額である法科大学院が多かったのですが、現在では、授業料が減額されたり、奨学金制度が充実していたりするなど、勉学に専念できる環境が整っています。

※法科大学院修了または司法試験予備試験合格後5年経過すれば、受験資格がなくなります。

「司法試験ってどんな試験？」

　司法試験では、法曹に必要な知識・能力を試すために、短答式試験と論文式試験があります。
　短答式試験は、憲法・民法・刑法の3科目ですが、論文式試験では、公法系（憲法・行政法）、民事系（民法・商法・民事訴訟法）、刑事系（刑法・刑事訴訟法）と選択科目（労働法・倒産法・知的財産法・租税法・経済法・国際私法・国際公法のうち1科目）があり、合計8科目もあります。
　短答式試験と論文式試験は、5月中旬ころ、4日間の日程で行われ、最終合格発表は、例年9月初めころにあります。

※上記の情報は平成27年度に実施された司法試験のものです。

「司法修習は何をするの？」

　司法試験に合格すれば直ちに法曹になれるわけではありません。司法試験に合格後、司法修習を修了した場合に法曹となる資格を有

することになります。

　司法修習では、まず、司法研修所において約3週間の導入修習を受け、その後に、実務修習地（例えば、大阪地方裁判所など）に配属され、「刑事裁判」、「民事裁判」、「検察」、「弁護」に分かれてそれぞれ約2か月間の実務修習を受けます。そして、これが終わると、再度、司法研修所における集合修習、実務修習地での選択型実務修習を受けます。

　司法修習を通じて仲良くなった同期の仲間は、法曹となった後においても、互いに叱咤激励し合える関係になることが多いです。

　そして、集合修習後は、例年11月中旬に実施される「二回試験」（司法修習を修了できるかどうかを決める最終試験）に臨みます。

　この二回試験を無事にクリアした者のみが晴れて法曹になることができるのです。

あとがきにかえて

　本書の企画は、「大学生に向けた分かりやすい法律の本があったらいいな」と思ったのがきっかけでした。私がこの構想を大学関係者に語ったところ、関西大学出版部を紹介いただき、タイトなスケジュールながらも無事に出版にこぎつけることができました。
　関西大学出版部の熊　博毅氏には、企画段階から相談にのっていただき、有益なアドバイスをいただきました。この場を借りて心より感謝申し上げます。

　本書は、「大学生になったあなた」に向けて、大学生の身近に起こり得る出来事について事例を用いて解説するという構成にしました。「あなたは加害者？　それとも被害者？」という表題も、常に自分が加害者にもなり得るし、被害者にもなり得るということ、知らず知らずのうちに誰かを傷つけているおそれがあること、被害を受けた人がどのような気持ちでいるかということを知ってもらいたい、そのような思いで、事務所のメンバーと議論しながら筆を進めました。
　本来であれば、法律は高校生や中学生、もっと言えば小学生にも身近に知ってもらうことが必要だと思います。法律は社会のルールを勉強する際のひとつの視点となるからです。
　先日、中学生向けの講演に行く機会がありましたが、テレビドラマや映画で見る弁護士のイメージが強く、実際の弁護士の仕事の具体的な中身についてはほとんどの子どもたちに知られていませんでした。また、法律についても「難しい」という漠然とした印象を抱いているようでした。
　本書の執筆を皮切りに、できれば、「小学生、中学生そして高校生になったあなたへ」というコンセプトでの分かりやすい法律の本をさらに執筆したいと思っています。
　司法試験受験者数が激減しているのには、司法修習生の給費制の廃止や弁護士数の増加による待遇の悪化などさまざまな要因があると思いますが、そういう社会的な要因を抜きにして、純粋に弁護士をはじめとする法曹の仕事は魅力のある仕事だということをより多くの子どもたち（特に、小学生や中

学生）に知ってもらいたい、進路に悩む高校生に法曹が夢のある仕事だということを伝えたい、多くの人に法律は身近なものであることを理解してもらいたいと切に願っています。

　本書を読んでいただいたあなたが、本書をきっかけに、「法律って面白いな」、「もっと法律のことを知りたいな」、「弁護士ってどんな仕事だろう？」と興味を持ってもらえたら望外の喜びです。

編著者を代表して
平成28（2016）年3月
弁護士　尾島史賢

●執筆者紹介●

大仲　土和（おおなか　つちかず）　──編集──
　兵庫県出身　関西大学法学部卒　司法修習第34期
　経歴：司法研修所教官、大阪地方検察庁特別捜査部長、最高検察庁総務
　　　　部長、さいたま地方検察庁検事正等を歴任
　現職：弁護士（弁護士法人あしのは法律事務所代表社員）、関西大学大
　　　　学院法務研究科（法科大学院）教授

尾島　史賢（おじま　ふみたか）　──編集・執筆──
　愛知県出身　関西大学法学部卒　関西大学大学院法学研究科博士課程前
　期課程修了　司法修習第56期
　経歴：平成15（2003）年　ウェルブライト法律事務所、平成21（2009）
　　　　年　尾島法律事務所
　現職：弁護士（弁護士法人あしのは法律事務所代表社員）、関西大学大
　　　　学院法務研究科（法科大学院）准教授、センコー株式会社社外取
　　　　締役

太田　洋一（おおた　よういち）　──執筆──
　岡山県出身　立命館大学法学部卒　関西大学大学院法務研究科（法科大
　学院）修了　司法修習第63期
　現職：弁護士（弁護士法人あしのは法律事務所社員）、関西大学大学院
　　　　法務研究科（法科大学院）アカデミック・アドバイザー

永榮　久仁子（ながえ　くにこ）　──執筆──
　岡山県出身　神戸大学法学部卒　関西大学大学院法務研究科（法科大学
　院）修了　司法修習第63期
　現職：弁護士（弁護士法人あしのは法律事務所社員）、関西大学大学院
　　　　法務研究科（法科大学院）アカデミック・アドバイザー、富田林
　　　　市任期付短時間勤務職員

星野　峻三（ほしの　しゅんぞう）　――執筆――
　大阪府出身　大阪経済法科大学法学部中退　関西大学大学院法務研究科（法科大学院）修了　司法修習第66期
　　現職：弁護士（弁護士法人あしのは法律事務所）、関西大学大学院法務研究科（法科大学院）アカデミック・アドバイザー

鬼丸　今日子（おにまる　きょうこ）　――執筆――
　福岡県出身　関西大学法学部卒　関西大学大学院法務研究科（法科大学院）修了　司法修習第68期
　　現職：弁護士（弁護士法人あしのは法律事務所）
　　＊バンコク（Bangkok）の法律事務所へ派遣予定

松本　佳織（まつもと　かおり）　――執筆――
　大阪府出身　関西大学法学部卒　関西大学大学院法務研究科（法科大学院）修了　司法修習第68期
　　現職：弁護士（弁護士法人あしのは法律事務所）、関西大学大学院法務研究科（法科大学院）アカデミック・アドバイザー

　　　　　　　　　　　　　　　　　　　　　　　　肩書きは執筆時

あなたは加害者？　それとも被害者？

2016年3月31日　第1刷発行
2019年1月31日　第2刷発行

編著者Ⓒ　尾島　史賢

発行所　関西大学出版部
　　　　〒564-8680　大阪府吹田市山手町3-3-35
　　　　TEL 06-6368-1121　FAX 06-6389-5162

印刷所　株式会社　遊　文　舎
　　　　〒532-0012　大阪市淀川区木川東4-17-31

Printed in Japan

ISBN 978-4-87354-683-4 C0032

落丁・乱丁はお取り替えいたします。